来|华|短|期|汉|语|进|修|教|材

速通汉语
Expressway to Chinese

胡文华 吴中伟 许金生 主编
胡文华 编著

中级

2

北京语言大学出版社
BEIJING LANGUAGE AND CULTURE
UNIVERSITY PRESS

© 2020 北京语言大学出版社，社图号 20039

图书在版编目（CIP）数据

速通汉语：中级. 2 / 胡文华，吴中伟，许金生主编；胡文华编著. -- 北京：北京语言大学出版社，2020.6

ISBN 978-7-5619-5647-2

Ⅰ.①速… Ⅱ.①胡… ②吴… ③许… Ⅲ.①汉语－对外汉语教学－教材 Ⅳ. ①H195.4

中国版本图书馆 CIP 数据核字 (2020) 第 091771 号

速通汉语 中级 2
SUTONG HANYU ZHONGJI 2

排版制作：	北京创艺涵文化发展有限公司		
责任编辑：	唐琪佳　李　凯	**英文翻译：**	胡文华
英文编辑：	侯晓娟		
责任印制：	周　燚		

出版发行：	北京语言大学出版社
社　　址：	北京市海淀区学院路 15 号，100083
网　　址：	www.blcup.com
电子信箱：	service@blcup.com
电　　话：	编 辑 部 8610-82303647/3592/3395
	国内发行 8610-82303650/3591/3648
	海外发行 8610-82303365/3080/3668
	北语书店 8610-82303653
	网购咨询 8610-82303908
印　　刷：	天津嘉恒印务有限公司

版　　次：	2020 年 6 月第 1 版
印　　次：	2020 年 6 月第 1 次印刷
开　　本：	880 毫米 × 1230 毫米　1/16　　印　张：8.25
字　　数：	122 千字
定　　价：	48.00 元

PRINTED IN CHINA

编写说明

汉语进修教学，可分为强化型和普及型两种，本教材为普及型汉语进修教材。本教材主要面向来华短期进修教学项目，也适用于国内外其他各类普及型汉语进修教学项目。教材的初、中、高三级既相互衔接，又具有一定的独立性，可根据需要单独使用；学习者可从头学起，也可以从其中某一册学起。

普及型短期进修教学的主要特点是：教学周期相对较短，学习者课外学习时间有限，学习者的学习动机和学习需求差异较大。本教材遵循汉语作为第二语言教学教材的编写基本原则以及汉语教材编写的发展趋势，针对普及型短期进修教学的上述特点，在编写中着力体现以下特点：

1. 以任务为载体，兼顾结构、功能、文化

结构、功能、文化相结合，是汉语作为第二语言教学遵循的基本原则。结构、功能、文化相结合的载体，就是任务，即交际活动。本教材按照从输入型任务到输出型任务的顺序，通过任务活动促进语言的输入和输出，完成相应的教学目标。

在语言点的安排上，本教材尽量照顾到语法结构教学的系统性。在语境设计上，注意贴近学习者生活，突出实用性。在内容主题的选择上，密切反映中国当代社会特点，体现时代气息。在文化因素的处理上，兼顾世界文化的共通性和中国传统文化的独特性。

2. 听说为主，精泛结合

总的来说，本教材属于综合教材，以发展学习者的汉语综合运用能力为目标。但考虑到短期进修教学的特点，在技能培养上以听说为主，兼顾读写。初级阶段1～4册的所有教学内容，均为汉字和拼音对照形式，以适应部分学习者技能发展不平衡的情况，以及不同学习者对技能发展的不同需求。使用者可根据实际情况对读写技能的培养确定相应的教学目标。

在中高级阶段，本教材在设计上体现精泛结合的理念，特别是高级阶段，对于聆听和阅读任务中的词语和结构，不要求全部掌握，为学习者的自主学习留出足够空间；同时，在完成理解性和表达性任务过程中，注意学习策略的培养。

3. 注重课堂教学的操作性

教材编写的过程化，是教材编写的发展趋势。所谓过程化，就是通过练习和活动设计逐步推进教学目标的实现，使教材的内部结构与实际课堂教学的过程基本一致，这样有助于更好地实现教材的设计理念和设计目标，也减轻了教师在教学设计上的压力。当然，学习者的特点千差万别，有经验的教师完全可以根据具体情况对教材中的设计安排进行灵活调整。

4. 在难度和容量上保持足够的适用空间

短期进修教学，教学周期相对较短，或为1～2周，或为1～2个月；另外，中国国内各大学的短期班一般是每天3～4课时完成1课的教学任务。因此，我们把每册容量定为10课。如果每天1课，每周5天，则每册可供2周学完。每课主要内容的设计课时为3课时，但每课均配有"延伸活动"或"拓展练习"，可供第4课时使用。这样的设计，便于不同教学周期、不同课时量的教学项目灵活选用。

另外，本教材虽然跨越初、中、高三个等级，但限于容量，不可能出齐HSK各级全部词汇和语言点，为了保证与各册总体难度等级相适应，初级阶段该出而未出的部分词语和个别语言点，在中级阶段不再作为生词和新的语言点处理，高级阶段则根据精泛结合的原则，仅对本阶段重点词语、重点格式进行处理。

本教材共12册。难度上与HSK等级的大致对应关系为（容量上不完全覆盖各级内容）：

本教材构成	初级1～4册	中级1～4册	高级1～4册
对应HSK水平	1～3级	4级	5级

教材由三位主编合作主持编写工作，具体分工如下：
许金生，负责初级1～4册；
胡文华，负责中级1～4册；
吴中伟，负责高级1～4册。

本教材出版前已在复旦大学国际文化交流学院暑期班试用，并根据试用反馈进行了修改，但肯定还存在许多疏漏、不足之处，敬请各位同行、老师批评指正！

编者

2019年3月

本册使用说明

《速通汉语　中级》共4册，可供有一定汉语基础（已掌握800个左右常用词）的学习者使用，可以前接初级1～4册，后续高级1～4册，也可以单独使用。本教材将汉语常用词汇、短语和句子表达与话题中的文化内容相结合，活动和任务贯穿教材始终。本教材适用于综合课教学，重点培养学生的听说技能和口头交际能力，兼顾读写技能。

本册教材共有10课，若每天3～4课时，可在2周内完成。以下具体说明教材内容及使用建议。

教材编写理念主要为以任务和活动为载体，重视交际互动，通过由易到难的活动设计不断推进教学目标的实现。教学活动的编排按照从输入型任务到输出型任务的顺序，每一课的语言点教学都设有后续跟进的交际练习活动，旨在通过一系列控制式交际活动、半控制式交际活动及自由输出式交际活动，逐步推进教学目标的实现，以使学生全方位、多角度地熟悉当课语言点及常见的使用搭配，并在不断的交际互动中逐渐获得使用汉语进行基本交际会话的能力。

建议教师根据教材编排的顺序，即"热身→词语→语言点→主课文与副课文→拓展练习"组织教学，也可按照具体情况灵活微调。

各课板块设置如下：

1. 热身

"热身"为每课教学的引入部分，教师可用10分钟左右的时间，以该课话题为中心，通过师生之间或学生之间问答的形式引导学生复习旧知识，唤起学生对新知识的学习欲望，以此自然过渡到新课的学习。

2. 词语

每课生词约20个，建议使用20分钟左右时间进行教学。教师可先领读生词，然后按顺序讲解生词，对于重点生词应通过形式多样的互动方式引出词语的典型用法，并带领学生操练，最后让学生完成"词语活动"，教师扼要讲评。

中级1～2册还配有一项"听句子，将你听懂的意思说出来"练习，既巩固了生词，又让学习者自然过渡到语言点学习环节。

3. 语言点

通过上一板块"听句子，将你听懂的意思说出来"这项练习，学习者先熟悉课文中含语言点的句子，然后再将语言点置于常用的句子或对话中，让学生在具体的语境中感知语言点的意义，并通过大量的例子加深其认知。教师可通过领读例句引导学生关注语言形式并理解其意义，在此基础上归纳语言点功能及形式特点，继而进入后续的"语法活动"环节。学生两人一组活动，教师巡视并随时指导。小组练习后，教师可请不同小组的成员具体展示并给予反馈。学生通过从控制式到半控制式的任务活动，在具体语境中尝试实践新的语言点，循序渐进，从懂到会，真正学会在交际中正确使用语言点。该板块建议20分钟左右完成。

4. 主课文与副课文

课文教学板块包括主课文和副课文，主课文为对话，副课文根据主课文的内容，将对话转换为陈述性短文。主课文后设计三个活动：一是朗读后回答问题，主要帮助学生理解课文含义，并操练课文的发音；二是字词填空练习；三是交际性活动，要求学生用汉语进行语言实践，并活用本课学习的语法和词汇。建议主课文及其相关练习在40分钟左右完成。

副课文则另有三个不同的练习任务：读课文，然后复述课文的意思；判断句子的对错；听课文，完成填空练习。建议副课文及其相关练习在35分钟左右完成。

5. 拓展练习

如果日课时为3课时，这一板块可作为课后作业；如果是4课时，则本板块可供第4节课使用。此板块为学生提供与主、副课文话题一致的材料，及包含本课语言点和主要词汇的听、说、读、写练习。具体而言，第一部分为听力练习，教师可引导学生先看问题，大致了解所听内容的情境、人物及话题内容。教师可根据学生的听力情况决定播放录音的次数，建议通过与学生互动的方式检测学生是否完全听懂。第二部分为阅读练习，学生正确完成后，如果时间充裕，可以让学生复述短文内容。拓展练习的前两部分建议在45分钟内完成。第三部分为写作训练，学生可在课后根据训练要求完成写作。

6. 聚宝盆

这是《速通汉语》教材专门为学习者准备的一块"自留地"，教材在每课的最后设置"聚宝盆"板块，提供一块空白的"板"，请学生添加这一课新学会的词语和句子。这个板块可以实现学习的成就感或超成就感，每个学习者可以根据自己的认知写下词语、句子，教师可以观察并予以个性化指导。"聚宝盆"板块可以请学生课后完成。

以上建议仅供各位教师参考，教师可在教学实践中根据本校课时安排、教学对象特点、学生需求、课堂实际情况等多方面因素进行调整，灵活取舍，以求取得最佳的教学效果。

语法术语缩略形式表
Abbreviations of Grammar Terms

缩略形式 Abbreviation	英文翻译 English	中文名称 Chinese
A	Adjective	形容词
Adv	Adverb	副词
Conj	Conjunction	连词
M	Measure Word	量词
N	Noun	名词
NP	Noun Phrase	名词词组
Nu	Numeral	数词
O	Object	宾语
PN	Proper Noun	专有名词
Pre	Prefix	前缀
Prep	Preposition	介词
Pron	Pronoun	代词
Pt	Particle	助词
Q	Quantifier	数量词
S	Subject	主语
Suf	Suffix	后缀
V	Verb	动词
VP	Verb Phrase	动词词组

目 录

第一课	世界无烟日	1
第二课	到中国人家里做客	11
第三课	中国的广场舞	24
第四课	一张照片	36
第五课	有点儿忙的人生	48
第六课	时间都去哪儿了	60
第七课	我们不一样	71
第八课	你想怎么支付	81
第九课	早高峰	92
第十课	喝凉水都塞牙	104
生词表		115

第一课

世界无烟日

一、热身

1. 你知道世界无烟日吗？你觉得这个节日的意义是什么？
2. 你觉得香烟对人类有什么影响？

二、词语

1	抽烟	chōu yān	VP	to smoke	
2	吸	xī	V	to inhale, to breathe in	
3	二手烟	èrshǒuyān	N	second-hand smoke	吸二手烟
4	影响	yǐngxiǎng	V	to influence, to affect	影响健康
5	无烟日	Wúyān Rì		No Tobacco Day	
6	卫生	wèishēng	N	sanitation, health	讲究卫生
7	总数	zǒngshù	N	total, sum total	吸烟者的总数
8	占	zhàn	V	to account for, to make up	占多少
9	人口	rénkǒu	N	population	
10	百分之……	bǎi fēn zhī…		percent	占百分之十
11	危害	wēihài	V	to harm, to jeopardize	危害身体健康
12	严肃	yánsù	A	serious	非常严肃
13	香烟	xiāngyān	N	cigarette	
14	压力	yālì	N	pressure, stress	很大的压力

1

15	减轻	jiǎnqīng	V	to alleviate	减轻压力
16	场所	chǎngsuǒ	N	site, place	公共场所
17	禁烟	jìn yān	VP	smoke-free; to ban smoking	在公共场所禁烟
18	觉得	juéde	V	to feel, to think	
19	酷	kù	A	cool, awesome	很酷的事情
20	存	cún	V	to save, to deposit	存了很多钱
21	不过	búguò	Conj	but, however	
22	烟灰缸	yānhuīgāng	N	ashtray	

词语活动

1 看下面的文字或图片，根据文字或图片的意思，说一说是你学习的哪个词语，然后写在后面的括号里。

（1）把钱或者东西留着，以后用　　　　　　　　　　　　（　　）

（2）做一件事的地方　　　　　　　　　　　　　　　　　（　　）

（3）不可以抽烟的一天　　　　　　　　　　　　　　　　（　　）

（4）减少或降低　　　　　　　　　　　　　　　　　　　（　　）

（5）对人或事物产生很不好的影响或作用　　　　　　　　（　　）

（6）有个性，觉得不一样　　　　　　　　　　　　　　　（　　）

（7）　　　　　　　　　　　（8）

（　　）

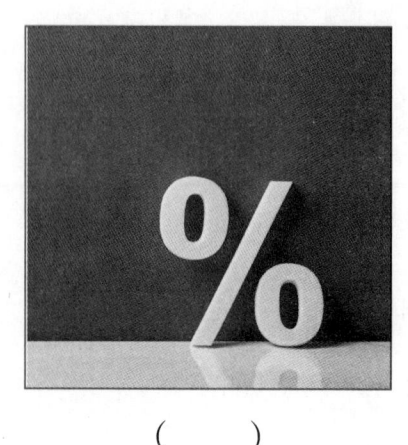
（　　）

2 听句子，将你听懂的意思说出来。 01-1

（1）世界卫生组织（WHO）在2008年的报告中指出，全世界吸烟者总数约为13亿，占世界人口的百分之二十五左右。

（2）2016年，世界人口达到了72亿6231万人。

三、语言点

▲ **大数的表达法 The expression of large numbers**

汉语里表达数字的基本单位有：十、百、千、万、亿。如：

The basic units for numbers in Chinese are: "十", "百", "千", "万", and "亿". For example:

1324　一千三百二十四

13245001　一千三百二十四万五千零一

132450019600　一千三百二十四亿五千零一万九千六百

 语法活动

请将下面的数字用汉语说出来，并且写成汉字。

例：38752　三万八千七百五十二

（1）5683　＿＿＿＿＿＿＿＿＿＿＿＿＿＿

（2）1726496　＿＿＿＿＿＿＿＿＿＿＿＿＿＿

（3）23873201　＿＿＿＿＿＿＿＿＿＿＿＿＿＿

（4）873412886429　＿＿＿＿＿＿＿＿＿＿＿＿＿＿

四、主课文　01-2

杰克：今天早晨走在路上的时候，有个人一直在我前面抽烟，我跟在他后面，吸了不少二手烟。

赵亮：你怎么不超过他，走到他前面去呢？

杰克：那是一条小路，我只能跟在他后面。

赵亮：那你可以走慢点儿，等他走远啊。

杰克：可是他一边走一边打电话，走得很慢，而且我后面还有人呢。那样的话，也影响我后面的人。真希望今天是世界无烟日。

赵亮：世界无烟日是哪一天？

杰克：每年的5月31日。

赵亮：真希望能有那么一天，世界上没有人抽烟。

杰克：世界卫生组织（WHO）在2008年的报告中指出，全世界吸烟者总数约为13亿，占世界人口的百分之二十五左右。

赵亮：吸烟现在是当今世界最大的公共卫生问题之一，特别是二手烟，对人的身体危害不小。

李梅：你们俩在聊什么呢？这么严肃。

艾玛：是啊，好像很担心的样子。

杰克：我跟赵亮在谈吸烟和二手烟有什么不好。

艾玛：我不喜欢香烟的味道。有人从我身边经过，我一下子就能知道他抽不抽烟。

李梅：我也不喜欢，但是我问过一个抽烟的人，他说压力大的时候抽一支烟，可以减轻压力。

杰克：可是吸烟真的对身体很不好。

赵亮：是啊，所以现在中国在公共场所都禁烟了。

李梅：我爷爷以前也爱抽烟，后来我奶奶就想办法让他成功戒烟了。

艾玛：你奶奶用了什么办法？快告诉我，我回国后让我奶奶也戒烟。

杰克：什么？艾玛，你奶奶也抽烟？

艾玛：是啊，奶奶说她十四五岁就开始抽烟了，那时她觉得女孩子抽烟很酷，后来就再也戒不了了。

李梅：我奶奶开始是不让爷爷在家里抽烟，要抽得出去抽。

赵亮：这难不倒你爷爷吧？

李梅：是啊，奶奶是想让爷爷每天少抽烟，可是爷爷不听。后来，奶奶换了一种办法，只要爷爷抽一支烟，就要拿出一支烟的钱给奶奶，让奶奶存起来，一年下来，奶奶存了好多钱，这让爷爷吓了一跳。不过，最后还是奶奶的一句话让爷爷决定不抽烟了。

艾玛：什么话？

李梅：奶奶对爷爷说："抽烟的时候，你自己就是个烟灰缸。"爷爷听了，就真的戒烟了。

艾玛：你奶奶真有办法，我回国后也试试这个办法。

课文活动

1. 分角色朗读课文，然后回答下面的问题。

    （1）杰克今天早晨为什么吸了不少二手烟？

    （2）世界无烟日是哪一天？

    （3）抽烟的人说抽烟有什么作用？

    （4）现在中国怎样禁烟？

2. 根据你读的课文，试着不看课文，选词填空。

    （1）世界_____组织（WHO）在2008年的报告中指出，全世界吸烟者_____约为13亿，_____世界人口的_____二十五左右。

    （总数、百分之、卫生、占）

    （2）现在中国在公共_____都禁烟了。（场地、场所）

（3）后来，奶奶_____了一种办法，只要爷爷_____一支烟，就要拿出一支烟的钱给奶奶，让奶奶_____起来，一年下来，奶奶_____了好多钱，这让爷爷_____了一跳。（存、换、抽、吓）

3 你知道你们国家禁烟的情况吗？你的家人和朋友有抽烟的吗？他们怎么看抽烟这件事？你怎么看？两个人一组，聊一聊。

五、副课文    01-3

世界无烟日

今天早晨，走在杰克前面的一个人一直在抽烟，而且还一边走一边打电话，走得很慢。那条路很窄，只能一个人走，杰克没办法走到他前面，但是走慢了又会影响到后面的人。就这样，杰克跟着那个人吸了不少二手烟。赵亮非常同情杰克。

根据世界卫生组织2008年的报告，全世界吸烟者总数有13亿，差不多占世界人口的百分之二十五。吸烟已经成为当今世界最大的公共卫生问题之一，尤其是二手烟，对人的健康影响很大。所以，世界卫生组织把每年的5月31日定为世界无烟日，让大家都能知道吸烟对身体的危害。为此，中国在公共场所也都禁烟了。杰克特别希望每天都是世界无烟日。

艾玛和李梅也都不喜欢香烟，但是，李梅问过吸烟的人，他们说吸烟可以减轻压力，艾玛认为这是吸烟的人为自己吸烟找的借口。李梅的爷爷以前也吸烟，李梅的奶奶想了很多办法让爷爷戒烟。刚开始，李梅的奶奶不让爷爷在家里抽，再后来，爷爷抽一支烟，就得拿出一支烟的钱给奶奶，奶奶因此存了好多钱，这也吓了爷爷一跳。但是，最后还是奶奶说的一句话起了作用。奶奶说，当爷爷抽烟的时候，他自己就是个烟灰缸。李梅的爷爷听了这句话，真的把烟戒了。

艾玛对李梅奶奶的办法很感兴趣,希望能用这种办法让自己的奶奶也把烟戒了。艾玛的奶奶十四五岁就开始抽烟,那时觉得很酷,可是抽上了就戒不了了。

补充词语

1	同情	tóngqíng	V	to sympathize (with)
2	根据	gēnjù	Prep	according to
3	差不多	chàbuduō	A/Adv	almost, about
4	借口	jièkǒu	N	excuse, pretext
5	因此	yīncǐ	Conj	hence, therefore
6	起作用	qǐ zuòyòng	VP	to work, to take effect
7	感兴趣	gǎn xìngqù	VP	to be interested in

课文活动

1 读课文,然后两人一组,把课文的意思复述给对方听。

2 不看课文,判断对错。

(1)杰克今天早晨吸了不少二手烟,因为他喜欢走在吸烟的人后面。(　　)

(2)虽然每年5月31日为世界无烟日,但还是有不少人吸烟。(　　)

(3)艾玛认为那些说吸烟可以减轻压力的人是给自己吸烟找借口。(　　)

(4)艾玛的奶奶十四五岁就开始抽烟,一直到现在都觉得很酷。(　　)

(5)李梅的爷爷戒烟是因为李梅奶奶的一句话。(　　)

3 听课文,在下面句子中的空格里填上你听到的词语。(不会写的汉字可以写拼音)

(1)那条路很窄,只能一个人走,杰克没办法走到他前面,但是走慢了又会_____到后面的人。就这样,杰克吸了不少_____。赵亮非常_____杰克。

（2）艾玛和李梅也都不喜欢香烟，但是，李梅问过吸烟的人，他们说吸烟可以_____压力，艾玛认为这是吸烟的人为自己吸烟找的_____。

（3）艾玛对李梅奶奶的办法很_____，希望能用这种办法让自己的奶奶也_____。艾玛的奶奶十四五岁就开始抽烟，那时觉得很_____，可是抽上了就戒不了了。

六、拓展练习

1 听录音，回答问题。 01-4

（1）世界上第一个全面禁烟的国家是哪一个？
（2）为了减少吸烟者的数量，不少国家怎么做？
（3）新加坡对在公共场所吸烟的人怎样处罚？

2 阅读《世界无烟日》，回答问题。

香烟和二手烟会危害人类健康。1987年11月，世界卫生组织在日本东京举行了第六届吸烟与健康国际会议，建议把每年的4月7日定为世界无烟日（World No Tobacco Day）。但是从1989年开始，世界无烟日改为每年的5月31日。选择5月31日作为世界无烟日是因为第二天是国际儿童节，人们希望下一代不受烟草的危害。

为减少吸烟者的数量，减轻吸烟对社会带来的危害，世界各国都在想办法让大家知道吸烟的危害，比如瑞典的一本杂志上说，女人一般希望找一个不吸烟的男士，而女士要小心吸烟会让自己老得快。2004年，不丹全面禁烟，成为世界上第一个也是唯一一个全面禁烟的国家。

还有很多国家规定，香烟的外包装上必须印上吸烟有害健康的警示句子和图片，希望能以此减少吸烟人数，比如新西兰和泰国的香烟外包装就让人看了非常不舒服。

有的国家则对在公共场所吸烟者实施很重的处罚。在墨西哥，在公共场所吸烟的人要交50～150美元（约合人民币340～1021元）不等的罚款。在新加坡，在公共场所吸烟者最高要交2000新加坡元（约合人民币10045

元)的罚款,在公共场所扔一个烟头要交500新加坡元(约合人民币2511元)的罚款或被打4鞭子。

补充词语

1	举行	jǔxíng	V	to hold (a meeting, contest, etc.)
2	选择	xuǎnzé	V	to choose, to select
3	儿童节	Értóng Jié	N	Children's Day
4	数量	shùliàng	N	quantity
5	社会	shèhuì	N	society
6	杂志	zázhì	N	magazine
7	而	ér	Conj	but, while
8	包装	bāozhuāng	N	packaging, wrapping
9	处罚	chǔfá	V	to punish, to penalize
10	罚款	fákuǎn	N	fine, penalty
11	鞭子	biānzi	N	whip, lash

专有名词

1	瑞典	Ruìdiǎn	Sweden
2	不丹	Bùdān	the Kingdom of Bhutan
3	新西兰	Xīnxīlán	New Zealand
4	泰国	Tàiguó	Thailand
5	墨西哥	Mòxīgē	Mexico
6	新加坡	Xīnjiāpō	Singapore

活动

读后回答问题。两人一组，回答的一方要用括号里的词说完整的句子。

（1）第一个世界无烟日是哪一年定下来的？为什么改为每年的5月31日？

（世界卫生组织、日本东京、1987年、国际儿童节）

（2）瑞典的一本杂志上是怎么说抽烟不好的？

（男士、女生、老得快、不吸烟）

（3）为什么新西兰和泰国的香烟外包装让人看了非常不舒服？

（印上、警示、有害健康、句子、图片）

3 写作训练。（课后练习）

如果让你去告诉抽烟的人们，吸烟对身体不好，你会想什么办法让他/她明白你的意思，并且接受你的建议？请用200字左右写下来。

七、聚宝盆 （写下这一课新学会的词语和句子）

_____

_____

_____

_____

_____

_____

_____

第二课 到中国人家里做客

一、热身

1. 你到中国人家里做过客吗？
2. 你了解中国人的日常生活吗？试着说说你知道的情况。

二、词语

1	课题	kètí	N	project, subject	完成课题
2	放松	fàngsōng	V	to relax	放松一下
3	陌生	mòshēng	A	strange, unfamiliar	陌生的环境
4	感受	gǎnshòu	V	to feel	感受中国人的生活
5	网上	wǎng shang	NP	on the Internet	
6	接待	jiēdài	V	to receive, to play host to	接待客人
7	熨烫	yùntàng	V	to iron (clothes)	熨烫衣服
8	建筑	jiànzhù	N	architecture	
9	工程师	gōngchéngshī	N	engineer	建筑工程师
10	叫	jiào	V	to be called	
11	改变	gǎibiàn	V	to change	改变了很多
12	老外	lǎowài	N	foreigner	
13	放不开	fàng bu kāi	VP	nervous or shy	

14	习惯	xíguàn	N	habit	生活习惯
15	印象	yìnxiàng	N	impression	不好的印象
16	几乎	jīhū	Adv	almost	几乎都很陌生
17	影子	yǐngzi	N	shadow	
18	打量	dǎliang	V	to measure with the eye, to size up	上下打量
19	筷子	kuàizi	N	chopsticks	一双筷子 动筷子
20	犯错	fàn cuò	VP	to make a mistake	犯了大错
21	温和	wēnhé	A	mild, gentle	态度温和
22	幽默	yōumò	A	humorous	说话很幽默
23	礼貌	lǐmào	N	politeness	很有礼貌
24	聊天儿	liáo tiānr	V	to chat	聊一会儿天儿
25	美好	měihǎo	A	fine, nice	美好的生活

专有名词

1	龙龙	Lónglong	a person's name
2	梅梅	Méimei	a person's name
3	湖南话	Húnánhuà	Hunan dialect

词语活动

1 看下面的文字或图片，根据文字或图片的意思，说一说是你学习的哪个词语，然后写在后面的括号里。

（1）认真地看一个人长什么样子，穿什么衣服等　　　　　　　　　　（　　）

（2）不紧张的 （   ）

（3）不认识的，不了解的 （   ）

（4）很紧张，说话、做事不自然 （   ）

（5）

（   ）

（6）

（   ）

（7）

（   ）

（8）

（   ）

2 听句子，将你听懂的意思说出来。 02-1

（1）因为怕犯错，所以就特别小心。

（2）如果五个家庭都去，就要做很多的准备工作，我的时间没那么多。

（3）如果能把我看成家人就更好了。

（4）梅梅还一直打量我，可是只要我一看她，她就跑到哥哥的身后。

（5）吃饭的时候，要是龙龙家人没有拿起筷子，我就一直坐着，看到他们都动筷子了，我才拿起我的筷子。

（6）先观察，再行动，这样就不容易犯错。

三、语言点

关联词语（1）Correlatives (1)

起关联作用的词语叫关联词语。

Words used to connect one word with another are known as correletives.

（1）"因为……所以……"表示因果关系，"因为"后面的成分表示原因，"所以"后面的成分表示结果。如：

"因为……所以……" (because.../...so) indicates a cause-effect relation. The element after "因为" indicates the cause, and the element after "所以" indicates the effect. For example:

① 他因为一直在城市生活，所以对农村的生活很陌生。

② 因为只有大卫一个老外，所以周围的人都在打量他。

（2）"如果/要是……就……"表示假设关系，"如果/要是"提出假设的情况，"就"后面说明出现的结果。如：

"如果/要是……就……" (if..., ...then...) indicates a hypothetical relation. "如果/要是" proposes a hypothetical situation, and what's after "就" explains the result. For example:

③ 你如果有什么问题，就给我打电话。

④ 要是他不同意的话，我们就不能去了。

（3）"只要……就……"表示条件关系，"只要"后面的成分是特定的条件，"就"后面的成分是在这个条件下产生的结果。如：

"只要……就……" (as long as..., then...) indicates a conditional relation. The element after "只要" indicates a specific condition, and the element after "就" indicates the result under this condition. For example:

⑤ 你只要不认真，就一定会犯错。

⑥ 只要你说得对，我们就听你的。

语法活动

请用括号里的关联词改写下面的句子。

例：他第一次到中国人家里。他很紧张。（因为……所以……）

因为他是第一次到中国人家里，所以很紧张。

（1）妈妈爱喝咖啡。妈妈买了很多咖啡。（因为……所以……）

_____

（2）明天天气好，我们去公园。（如果……就……）

_____

（3）你见到他给我打电话。（要是……就……）

_____

（4）你每天练习10分钟口语。你的口语会进步。（只要……就……）

_____

四、主课文

 02-2

杰克：艾玛，听说你上个星期为完成课题，去一个中国人家里过了一天，感觉怎么样？

艾玛：我是从紧张到放松，最后非常喜欢。

赵亮：为什么会紧张？你不是去过李梅家吗？

艾玛：那不一样。因为我跟李梅太熟了，所以在她家就像在自己家里一样。

李梅：艾玛，你要完成什么课题？

艾玛：我要在一个陌生的中国家庭做一天客，感受他们的真实生活。

杰克：你是怎么找到这个家庭的？

艾玛：我是在网上联系的，刚开始有五个家庭愿意接待我。如果五个家庭都去，我就要做很多准备工作。因为没有那么多时间，所以我只能选择一个家庭。

赵亮：你最后选择的这个家庭是什么样的？

艾玛：我选择的这个家庭一共有六口人：爷爷、奶奶、爸爸、妈妈和两个孩子。爷爷和奶奶都80多岁，已经退休了，爷爷喜欢读书、听广播，奶奶每天照顾她的花儿，她还喜欢熨烫衣服；爸爸是建筑工程师，妈妈是大学教师；两个孩子，老大叫龙龙，男孩，11岁，老二叫梅梅，女孩，5岁。

李梅：你在他们家过得怎么样？

艾玛：我跟龙龙的父母说，我去他们家是为了感受中国人真实的家庭生活，不要因为我而有什么改变，如果能把我看成家人就更好了。

杰克：这有点儿难吧，家里突然多了个陌生人，还是个老外。

艾玛：是啊，我要他们不把我看成外人，可是我自己也很放不开。我刚到龙龙家的时候非常紧张，都不敢随便动，而且我还要注意观察他们家的人都有怎样的生活习惯，然后跟着做。

李梅：我能想象出你紧张的样子。

赵亮：快跟我们说说你有哪些特别的印象。

艾玛：梅梅在家里几乎就是哥哥的影子，龙龙走到哪里，梅梅就跟到哪里。梅梅还一直打量我，可是只要我一看她，她就跑到哥哥的身后。全家人坐在一起的时候，爷爷、奶奶拿起杯子喝茶，我也拿起我的杯子。吃饭的时候，要是龙龙家人没有拿起筷子，我就一直坐着，看到他们都动筷子了，我才拿起我的筷子。

杰克：看来艾玛很聪明，先观察，再行动，这样就不容易犯错了。

艾玛：是啊，因为怕犯错，所以我就特别小心。做任何事，我都会先看看他们家人是怎样的习惯。

赵亮：那你是怎样从紧张到放松的呢？

艾玛：我觉得他们一家人相亲相爱：大人跟孩子说话很温和，也很幽默；孩子对大人也很有礼貌。龙龙和梅梅对我也很好，吃饭的时候，龙龙跟我说："艾玛，你想吃什么，随便吃！我妈做的菜可好吃了。"梅梅不说话，笑着用力点头。是龙龙和梅梅让我变得放松的。

杰克：你跟他们家的老人聊天儿了吗？

艾玛：我想跟他们聊天儿，但是他们说的是湖南话，我听不懂，如果对话，需要龙龙翻译。我真没想到，龙龙还会说湖南话。

李梅：在中国，很多家庭里的第三代都是爷爷、奶奶或者外公、外婆带大的，龙龙和梅梅一直跟着爷爷、奶奶，当然就学会了湖南话。

艾玛：总之，这次去中国人家里做客，让我感受到了中国家庭的美好生活，收获很多。

课文活动

1. 分角色朗读课文，然后回答下面的问题。

   （1）艾玛上个星期做什么了？

   （2）艾玛是怎样找到这个中国家庭的？这个中国家庭的情况是什么样的？

   （3）梅梅喜欢做什么？

   （4）艾玛在这个中国家庭里怎样喝茶、吃饭？

2 根据你读的课文，试着不看课文，选词填空。

（1）我_____的这个家庭一共有六口人：爷爷、_____、爸爸、妈妈和两个孩子。爷爷和奶奶都80多岁，已经退休了，爷爷喜欢读书、听广播，奶奶每天照顾她的花儿，她还喜欢_____衣服；爸爸是建筑_____，妈妈是大学_____；两个孩子，_____叫龙龙，男孩，11岁，老二叫梅梅，_____，5岁。

（奶奶、工程师、选择、女孩、老大、教师、熨烫）

（2）梅梅在家里_____就是哥哥的影子，龙龙走到哪里，梅梅就跟到哪里。梅梅还一直_____我，可是_____我一看她，她就跟到哥哥的身后。（打量、只要、几乎）

（3）我觉得他们一家人相亲相爱：大人跟孩子说话很_____，也很_____；孩子对大人也很有_____。（温和、礼貌、幽默）

3 想象一下你是艾玛，如果你去中国人家里做客，你会怎样做？两个人一组，讨论一下。试着用上关联词"因为……所以……、如果/要是……就……、只要……就……"。

五、副课文  02-3

去中国人家里做客

艾玛要完成一个课题：到一个陌生的中国家庭待一天，感受一下中国人真实的家庭生活。艾玛在网上联系到五个家庭，最后选择了一个六口之家：家里有爷爷、奶奶、爸爸、妈妈和两个孩子。爷爷和奶奶都80多岁，已经退休了；爸爸是建筑工程师，妈妈是大学教师；龙龙是哥哥，今年11岁，梅梅是妹妹，今年5岁。

上个星期，艾玛去了龙龙家，因为要感受真实的中国家庭生活，所以艾玛希望龙龙全家不要为她做任何改变。但是，说起来容易，做起来难。刚开始的时候，因为艾玛是外国人，龙龙和梅梅很难把她当作自己家的人，梅梅总是跟着哥哥，龙龙走到哪里，梅梅就跟到哪里。梅梅还一直打量艾玛，要是艾玛注意到梅梅，梅梅就跑到哥哥的身后。爷爷、奶奶对艾玛非常亲切，艾玛也想跟他们聊天儿，不过他们只会说湖南话，艾玛跟他们对话的时候，还需要龙龙做翻译。因为龙龙和梅梅从小就跟着爷爷、奶奶长大，所以他们也会说湖南话。

因为到了一个陌生的地方，所以艾玛自己也有点儿坐立不安。艾玛想，要是自己太随便，就容易犯错，还是先用眼睛观察，再跟着行动比较好。所以，全家人在一起喝茶的时候，爷爷、奶奶拿起茶杯，艾玛才拿起自己的杯子喝茶；吃饭的时候，艾玛看到他们都拿起筷子了，自己才拿起筷子吃。艾玛观察到，这个家庭的人都非常相亲相爱：爸爸、妈妈对爷爷、奶奶照顾得很周到，对孩子也很温和，爸爸说话还非常幽默，两个孩子也都非常有礼貌。

龙龙和梅梅好像感觉到了艾玛的紧张，所以他们一直让艾玛多吃菜，艾玛紧张的情绪也慢慢放松了下来。她在龙龙家过了一整天，收获不小。

补充词语

1	待	dāi	V	to stay
2	真实	zhēnshí	A	true, real
3	亲切	qīnqiè	A	kind, cordial
4	坐立不安	zuòlì-bù'ān		to be restless with anxiety
5	周到	zhōudào	A	considerate

课文活动

1. 读课文,然后两人一组,把课文的意思复述给对方听。

2. 不看课文,判断对错。

   (1) 艾玛要去一个中国家庭待一天,是因为她没去过。（　　）
   (2) 刚到龙龙家,艾玛觉得紧张,站也不是,坐也不是。（　　）
   (3) 梅梅常常打量艾玛,艾玛看她的时候,她就跑到哥哥身后。（　　）
   (4) 龙龙的爷爷、奶奶是湖南人。（　　）
   (5) 艾玛在中国人家里待了一整天,虽然有收获,但一直非常紧张。（　　）

3. 听课文,在下面句子中的空格里填上你听到的词语。(不会写的汉字可以写拼音)

   (1) 艾玛要完成一个课题:到一个_____的中国家庭_____一天,_____一下中国人真实的家庭生活。

   (2) 爷爷、奶奶对艾玛非常_____,艾玛也想跟他们聊天儿,不过他们只会说湖南话,艾玛跟他们对话的时候,还需要龙龙做_____。因为龙龙和梅梅从小就_____爷爷、奶奶长大,所以他们也会说湖南话。

   (3) 因为到了一个陌生的地方,所以艾玛自己也有点儿_____。艾玛想,要是自己太_____,就容易犯错,还是先用眼睛_____,再跟着行动比较好。

六、拓展练习

1. 听录音,回答问题。 02-4

   (1) 小明的父母为什么不担心小明的学习?
   (2) 小明每个周末要上什么课?
   (3) 这个周末有什么不一样?
   (4) 小明的爸爸是个有情调的人吗?从哪件事可以看出来?

2. 阅读《这个周末不一样》,回答问题。

   小明今年15岁,读高一。因为小明的成绩一直不错,所以爸爸、妈妈平时从来不担心他的学习，而且还经常跟小明聊天儿，聊各种热点话题，聊一家人最近各自读到的书和文章。妈妈喜欢做简单的美食，爸爸是个运动爱好者，小明从小学习弹钢琴。进入高中以后，小明又想学习弹吉他，爸妈二话不说就给他买了把不错的吉他，还给他找了老师。小明每个星期六要去吉他老师那里上一次课。

这个周六也有吉他课，但这一天也是爸爸、妈妈的结婚纪念日。看样子，爸爸、妈妈没有任何要庆祝的意思。小明想，要是大人们都这样，生活就会少很多快乐。不行，他得想办法，让爸爸、妈妈感觉到什么。

周五的晚上，他在网上订了一大束鲜花，周六上午10:30花店会把花儿送到家里。周六的早上，他起床以后，为一家人准备好柠檬蜂蜜水，然后将面包片放进烤箱，但是他不知道要烤几分钟，要是时间太长，就不好吃了。于是，他把面包片放在烤箱里，打算等问了妈妈再烤。他从冰箱里取出三个鸡蛋，学着爸爸那样，煎出了又嫩又好看的爱心形状的荷包蛋。

等爸爸、妈妈起床一看，除了面包，早餐都已经准备好了。爸爸、妈妈都笑了，但他们好像还是没有意识到今天有什么特别，只是表扬小明长大了。

上午，小明去上吉他课了，他没有告诉爸妈鲜花的事情，想给他们一个惊喜。小明回来的时候，发现桌子上有两束花儿。原来，老爸也订了一束，妈妈很高兴：今天家中的两个男士都给她订了鲜花。妈妈说："这个周末真好，要是以后每个周末都有花儿就更好了！"

爸爸笑了，说："以后每个周末都有鲜花的愿望不是问题，我已经订购了一年的鲜花，以后每个周末都会有不一样的花儿。"

小明看着爸爸，说："老爸，看不出来啊，你不是我想的那样没情调。"

妈妈今天要做什么菜来庆祝呢？她说少不了西红柿炒鸡蛋，因为这是她跟爸爸结婚以后学会做的第一道菜。

补充词语

1	热点	rèdiǎn	N	hot topic
2	各自	gèzì	A	respective, each
3	弹钢琴	tán gāngqín		to play the piano
4	吉他	jítā	N	guitar
5	结婚	jié hūn	V	to get married
6	纪念日	jìniànrì	N	anniversary
7	庆祝	qìngzhù	V	to celebrate
8	快乐	kuàilè	A	happy, cheerful
9	订	dìng	V	to order, to book
10	柠檬	níngméng	N	lemon
11	蜂蜜	fēngmì	N	honey
12	烤箱	kǎoxiāng	N	oven
13	煎	jiān	V	to fry
14	嫩	nèn	A	(of cooked food) tender, under done
15	荷包蛋	hébāodàn	N	poached egg
16	情调	qíngdiào	N	sentiment
17	西红柿	xīhóngshì	N	tomato

活动

读后回答问题。两人一组,回答的一方要用括号里的词说完整的句子。

(1)爸爸、妈妈对小明怎么样?(不担心、聊天儿、吉他、找老师)

(2)这个周末是小明的爸爸、妈妈的结婚纪念日,小明和爸爸做了什么事?

(网上订购、花儿、柠檬蜂蜜水、煎、荷包蛋、心形)

(3)妈妈怎么庆祝结婚纪念日?(做菜、西红柿炒鸡蛋、结婚、第一道菜)

3 写作训练。(课后练习)

你有没有一个人去外国朋友的家里做过客?如果有,请用200字左右写下你的经历。

七、聚宝盆 (写下这一课新学会的词语和句子)

_____

_____

_____

_____

_____

_____

_____

第三课

中国的广场舞

一、热身

1. 你刚来到中国时，看到过什么新鲜事儿？请说给大家听听。
2. 你觉得中国跟你的国家相比，有哪些生活习惯差不多？哪些完全不一样？

二、词语

1	活动	huódòng	N	activity	
2	茶馆儿	cháguǎnr	N	teahouse	
3	广场	guǎngchǎng	N	square (open area in a town)	
4	广场舞	guǎngchǎngwǔ	N	square dancing	跳广场舞
5	糊涂	hútu	A	confused	有点儿糊涂
6	酒吧	jiǔbā	N	wine bar	
7	跳舞	tiào wǔ	V	to dance	跳了两个小时舞
8	锻炼	duànliàn	V	to do physical training	锻炼身体
9	安排	ānpái	V	to arrange	安排时间
10	丰富	fēngfù	A	abundant, rich, plentiful	安排得很丰富
11	幸福	xìngfú	A	happy	幸福的人生
12	孤单	gūdān	A	lonely	感到很孤单
13	看法	kànfǎ	N	opinion	表达自己的看法

14	扰民	rǎo mín	V	to disturb the neighbors	
15	编舞	biān wǔ	V	choreography; to design the steps and movements in a dance	编了一支舞
16	吸引	xīyǐn	V	to attract	吸引了很多人
17	害羞	hài xiū	A	shy	有点儿害羞
18	自信	zìxìn	A	self-confident	非常自信
19	爱好	àihào	N	hobby	有很多爱好
20	细致	xìzhì	A	careful, meticulous	观察得很细致
21	慧眼	huìyǎn	N	insight, discerning eye	一双慧眼
22	研究	yánjiū	V	to study, to research	研究研究

专有名词

1	莲花山	Liánhuā Shān	Lianhua Hill
2	韩国	Hánguó	South Korea

词语活动

1. 看下面的文字或图片，根据文字或图片的意思，说一说是你学习的哪个词语，然后写在后面的括号里。

   （1）聪明的眼睛　　　　　　　　　　　　　　　　　　（　　）

   （2）感觉自己一个人，没有朋友　　　　　　　　　　　（　　）

   （3）在别人面前不好意思　　　　　　　　　　　　　　（　　）

   （4）不明白意思　　　　　　　　　　　　　　　　　　（　　）

（5） （　　）

（6） （　　）

（7） （　　）

（8） （　　）

2 听句子，将你听懂的意思说出来。　🔊 03-1

（1）不过，我也有点儿糊涂了，又不是周末，这个小广场上怎么会有这么多人？

（2）我家在一个不算大的城市，一到晚上，路上就没什么人，只有周末的时候，酒吧的人会多一些。

（3）不但晚上有很多大妈跳广场舞，而且早上也有很多老人在公园或者小区花园锻炼身体。

（4）有位日本女性在深圳学会广场舞以后，不但每天去莲花山公园跳广场舞，而且还自己编舞，吸引了很多人参加。

（5）你们听，大妈们跳广场舞的音乐不但有中国的，还有欧美的和韩国的，比如那首《江南 Style》。

（6）我发现杰克虽然不会跳广场舞，但是观察得挺细致啊！

三、语言点

关联词语（2）Correlatives (2)

（1）"不但……而且/还……"表示递进关系，后一个分句比前一个分句的内容在程度上更进一步。如：

"不但……而且/还……" (not only..., but also...) indicates a progressive relation, in which the second clause has a further degree than the first one. For example:

① 不但我们觉得不好意思，而且新郎和新娘也没面子啊！

② 他不但学会了普通话，还学会了很多方言。

（2）"虽然……但是/可是……"表示转折关系，"但是/可是"后面出现的情况往往与"虽然"给出的条件所应该产生的结果相反。如：

"虽然……但是/可是……" (although.../...but) indicates a transitional relation. Circumstances after "但是/可是" are usually contrary to what's after "虽然" is supposed to bring about. For example:

③ 在做客的时候，虽然主人非常客气，可是客人呢，总是尽量不去麻烦主人。

④ 这个城市虽然有很多汽车，但是交通一点儿也不拥挤。

语法活动

请用括号里的关联词将下面的两个句子变成一个句子。

例：我昨天读完了一本书。我昨天看了一部中国电影。

（不但……而且/还……）

我昨天不但读完了一本书，还看了一部中国电影。

（1）今天早上有雨。明天白天也有雨。（不但……而且/还……）

_____

（2）可以坐地铁去图书馆。可以坐地铁去商场。（不但……而且/还……）

_____

（3）我喜欢巧克力。医生说我不能吃巧克力。（虽然……但是/可是……）

_____

（4）我很想去看明天的网球比赛。明天我有考试，去不了。

（虽然……但是/可是……）

_____

（5）他昨天很忙。他昨晚回复了我的邮件。（虽然……但是/可是……）

_____

四、主课文   03-2

（今天是星期三，晚上李梅、赵亮、艾玛和杰克四人结束读书小组活动以后，在学校附近的一家茶馆儿喝茶、聊天儿。茶馆儿外面是个小广场，不少大妈在那里跳广场舞。）

艾玛：今天不是星期三吗？你们看，外面的广场上怎么那么多大妈在跳广场舞？

杰克：今天是星期三，不过我也有点儿糊涂了，又不是周末，这个小广场上怎么会有这么多人？

赵亮：嗯，几乎天天晚上都有这么多人。怎么，艾玛，在你的家乡不是这样的？

艾玛：不是，我家在一个不算大的城市，到了晚上，路上就没什么人了，只有周末的时候，酒吧的人会多一些。

杰克：天天晚上都有这么多大妈在跳舞，真有意思。

李梅：不但晚上有很多大妈跳广场舞，而且早上也有很多老人在公园或者小区花园锻炼身体。

赵亮：李梅说得对，中国很多城市的老人，早晚的活动都安排得很丰富。

艾玛：这些人为什么这么喜欢跳舞呢？

李梅：我问过一位大妈，她说跳广场舞不但可以锻炼身体，还可以跟别人聊天儿。

艾玛：中国的老人真幸福啊！有了这样的生活，人老了就不怕孤单了。

杰克：不过我身边的一些朋友对广场舞有着不同的看法。

李梅：我在网上也看到过，有的说广场舞扰民，但是也有的说广场舞很有意思。

艾玛：我看到过一则新闻，有位日本女性在深圳学会广场舞以后，不但每天去莲花山公园跳广场舞，而且还自己编舞，吸引了很多人参加。

赵亮：说到广场舞，还有一个问题需要思考，你们看外面的广场上，跳舞的大多数是女性，而男性就很少。你们想过这是为什么吗？

李梅：赵亮说的这个问题有意思，广场舞应该是不分男女才对啊。

杰克：是不是因为男性比较害羞？

艾玛：我听说三十到六十岁的女性比十八到三十岁的女性自信，但是男性相反。

杰克：你的意思是，年龄大的男性不自信？我不信。

李梅：虽然不少大妈都喜欢跳广场舞，但是也有很多人不愿意参加。

赵亮：我妈妈和她的朋友们就不愿意去跳广场舞。

艾玛：看来，跳不跳广场舞跟个人的爱好有关系。

李梅：还跟中国人的生活有很大关系。女性退休比男性早，而且中国人喜欢热闹。

杰克：你们听，大妈们跳广场舞的音乐不但有中国的，还有欧美的和韩国的，比如那首《江南 Style》。

赵亮：我发现杰克虽然不会跳广场舞，但是观察得挺细致啊！

杰克：那是，我昨天学了一个生词，我有一双"慧眼"。

艾玛：我觉得我可以研究一下中国的广场舞。

李梅：好主意，这会是个很有意思的课题。

赵亮：你们要不要也去感受一下广场舞？

杰克：我想去试试。

课文活动

1. 分角色朗读课文，然后回答下面的问题。

    （1）艾玛为什么问今天是不是星期三？

    （2）在艾玛的家乡，不是周末的时候，晚上是什么样的？

    （3）广场上很多人在干什么？

    （4）人们对广场舞有什么看法？

    （5）广场舞一般只有大妈参加，他们找到原因了吗？

    （6）大妈们跳广场舞的音乐怎么样？

    （7）对于广场舞，艾玛打算做什么？

2. 根据你读的课文，试着不看课文，选词填空。

    （1）星期三晚上，艾玛、杰克、赵亮和李梅在学校附近的一家_____喝茶、聊天儿。茶馆儿外面是个小_____，不少大妈在那里跳_____。

    （茶馆儿、广场、广场舞）

    （2）中国很多城市的老人，早晚的活动都_____得很_____。有了这样的生活，人老了就不怕_____了。（孤单、安排、丰富）

    （3）杰克虽然不会跳广场舞，但是观察得挺_____，那是因为他有一双"_____"。艾玛觉得这是一个很有意思的课题，想_____一下。

    （研究、细致、慧眼）

3 请在网上查找一些关于中国大妈跳广场舞的资料，分小组讨论广场舞跟人们生活的关系。试着用上关联词"不但……而且/还……"和"虽然……但是/可是……"。

五、副课文

中国的广场舞

星期三晚上，艾玛、杰克、赵亮和李梅四个人结束读书小组活动以后，在学校附近的一家茶馆儿喝茶、聊天儿。茶馆儿外面就是一个小广场，广场上有很多大妈在跳广场舞。

艾玛以为只有周末才会有这么多人，但是没想到今天也这么热闹。赵亮说不是只有周末才有这么多人，几乎天天都这样。这和艾玛的家乡很不一样，在艾玛的家乡，平时到了晚上路上都没什么人，只有周末的酒吧里人比较多。

其实，在中国的很多城市里，老人们早晚的活动都安排得很丰富，不但晚上有很多大妈跳广场舞，而且早上还有不少老人在公园或者小区花园锻炼身体。很多老人都非常喜欢跳广场舞，因为一方面可以锻炼身体，另一方面可以跟别人聊天儿，这样，他们的生活就不孤单了。

虽然广场舞在中国非常流行，但是，不同的人有不同的看法：有的觉得广场舞很有意思，但是也有的认为广场舞扰民。所以，也有很多人不愿意参加广场舞，赵亮的妈妈和她的朋友们就不愿意去跳广场舞。

不只是中国大妈喜欢广场舞，有些外国人也很喜欢。艾玛以前看到一则新闻说，有一位来自日本的女性，觉得广场舞很有意思，她在深圳学会了广场舞以后，不但每天去莲花山公园跳广场舞，还自己编舞，吸引了很多人参加。

赵亮观察发现，跳广场舞的一般是女性，男性比较少。杰克觉得是因为男性比较害羞。不过，艾玛觉得是因为男性随着年龄的增长变得不自信了。其实，跳不跳广场舞，不但跟人们的爱好有关系，也跟人们的生活有关系。在中国，女性退休比男性早，而中国人又喜欢热闹，所以广场舞才会在大妈中这么受欢迎。

杰克虽然不会跳广场舞，但是观察得很细致，他发现广场舞的音乐很国际化，有中国的、欧美的，还有韩国的，比如那首有名的《江南Style》。

艾玛打算研究中国的广场舞，而杰克想自己去试试广场舞。

补充词语

| 1 | 其实 | qíshí | Adv | in fact |
| 2 | 国际化 | guójìhuà | | international |

课文活动

1 读两遍课文，然后两人一组，复述课文的意思，说给对方听。

2 不看课文，判断对错。

（1）艾玛不喜欢星期三晚上广场上有那么多人跳广场舞。（　　）

（2）李梅、赵亮、杰克和艾玛去广场附近的茶馆儿喝茶、聊天儿，他们不读书。（　　）

（3）中国很多城市的老人，早晚的活动安排得很丰富。（　　）

（4）那位日本女性喜欢广场舞，不但自己学会了，每天跳，还编舞吸引更多人参加。（　　）

（5）对于广场舞，不同人有不同的看法，说扰民的就是不喜欢。（　　）

（6）赵亮的妈妈不去跳广场舞，但是她的朋友们去参加。（　　）

（7）大妈们跳广场舞的音乐非常国际化。（　　）

（8）艾玛为了研究广场舞，让杰克去试试。　　　　　　　　（　　）

3. **听课文，在下面句子中的空格里填上你听到的词语。(不会写的汉字可以写拼音)**

（1）其实，在中国的很多城市里，老人们早晚的＿＿＿＿都安排得很丰富，＿＿＿＿晚上有很多大妈跳广场舞，＿＿＿＿早上还有不少老人在公园或者小区花园锻炼身体。

（2）虽然广场舞在中国非常＿＿＿＿，但是，不同的人有不同的＿＿＿＿：有的觉得广场舞很有意思，但是也有的认为广场舞＿＿＿＿。

（3）艾玛＿＿＿＿是因为男性随着年龄的增长，越来越不＿＿＿＿。

六、拓展练习

1. **听两遍课文，完成听力练习。**

（1）"香得受不了"是什么意思？

（2）谁不喜欢吃香菜？

（3）臭豆腐和麻婆豆腐是一个菜吗？

（4）印度和韩国最有名的食物是什么？

2. **阅读《香得受不了》，回答问题。**

今天是口语课，刘老师给同学们的话题是"香得受不了"，请来自不同国家的同学们用这个话题来说说自己的看法。

杰克第一个说："我的中国同屋周末做中国菜，香得我受不了。"

老师问："你的中国同屋做了什么菜？"

杰克说："麻婆豆腐。"

艾玛站起来，说："我的中国朋友特别爱吃香菜。虽然她觉得香菜香得不得了，不过我不觉得香，只觉得受不了。"

杰克也说："哈哈，我也受不了那个香菜。"

刘老师问："杰克、艾玛，你们觉得中国的臭豆腐怎么样？"

艾玛说："哎呀，我觉得太臭了！"

不过，杰克说："正好相反，我觉得臭豆腐不臭，香极了，我特别爱吃，每次吃我都觉得香得不得了。"

来自印度的女同学说:"我们印度的咖喱很香,每次吃都香得我受不了,但是有一次我看艾玛有点儿受不了。"

艾玛说:"印度咖喱很有名,但是我真的受不了。真是不好意思!"

来自韩国的一位男同学说:"我们韩国的泡菜也很香,有没有受不了的?"

还真有几个同学举起了手,因为他们不吃辣。

艾玛说:"你们刚才说的都是吃的,我说个别的,香水,不同国家的同学喜欢的味道不一样,有的同学喜欢的香水,可能对我来说就受不了。"

同学们觉得艾玛说得有道理,有同学说:"对了,我们班有个人很受欢迎,这个人就是——杰克!"

同学们都一起大声说:"哇,杰克香得让我们受不了,哈哈!"

补充词语

1	受不了	shòu bu liǎo	VP	cannot stand/bear/endure
2	香菜	xiāngcài	N	coriander
3	臭豆腐	chòudòufu	N	stinky tofu
4	咖喱	gālí	N	curry
5	泡菜	pàocài	N	pickled vegetable, kimchi
6	香水	xiāngshuǐ	N	perfume

专有名词

印度	Yìndù	India

活动

读后回答问题。两人一组,回答的一方要用括号里的词说完整的句子。

(1) 今天的口语课话题是什么?(香、受不了)

(2) 杰克的同屋是哪国人?做什么让他香得受不了?(做菜、麻婆豆腐)

(3) 艾玛不喜欢什么?(香菜、臭豆腐)

(4) 艾玛受不了什么味道?(印度、咖喱)

(5) 有几个同学为什么受不了韩国的泡菜?(辣)

(6) 艾玛对香水的看法怎么样?(有的人、味道)

(7) 有人最后开了什么玩笑?(受欢迎、香得受不了)

3 写作训练。(课后练习)

请你思考一下,来到中国以后,看到的跟自己国家不一样的生活习惯,选择一个。做一些调查,然后写成200字左右的文章。题目可以是《中国的……》,一定要用上关联词"不但……而且/还……"和"虽然……但是/可是……"。

七、聚宝盆 (写下这一课新学会的词语和句子)

第四课  一张照片

一、热身

1. 你常常用手机或者相机拍照吗？拍照以后跟家人和朋友们分享吗？
2. 现在很多照片里的人比真人好看，你觉得是为什么。

二、词语

1	颜色	yánsè	N	color	颜色很亮
2	照骗	zhào piàn	VP	heavily photoshoped image; to over-edit a photo	
3	骗人	piàn rén	VP	to cheat others	
4	微博	wēibó		Weibo, a Chinese social media platform	
5	微信	wēixìn		WeChat, a Chinese messaging and social media app	
6	艺术照	yìshùzhào	NP	artistic photo	拍艺术照
7	开玩笑	kāi wánxiào	VP	to joke, to be kidding	不要开玩笑
8	现象	xiànxiàng	N	phenomenon	美好的现象
9	下载	xiàzài	V	to download	下载照片
10	修图	xiū tú	VP	to retouch an image, to photoshop	修一下图
11	软件	ruǎnjiàn	N	software	下载软件

12	适当	shìdàng	A	suitable, proper	适当修图
13	美化	měihuà	V	to beautify	美化环境
14	流口水	liú kǒushuǐ	VP	to drool, to salivate	
15	做法	zuòfǎ	N	method, procedure	
16	过度	guòdù	A	excessive	过度修图
17	技术	jìshù	N	technique	修图技术
18	脑海	nǎohǎi	N	brain	
19	现实	xiànshí	N	reality	跟现实不一样
20	还原	huán yuán	V	to restore	
21	心知肚明	xīnzhī-dùmíng		well-aware	
22	时代	shídài	N	era	
23	多元	duōyuán	A	pluralist	多元的时代
24	自拍	zì pāi	VP	selfie	喜欢自拍
25	美颜	měi yán	VP	facial beautification	
26	相机	xiàngjī	N	camera	美颜相机

词语活动

1 看下面的文字或图片，根据文字或图片的意思，说一说是你学习的哪个词语，然后写在后面的括号里。

（1）心里很清楚、很明白　　　　　　　　　　　　　　（　　）

（2）不是假的　　　　　　　　　　　　　　　　　　　（　　）

（3）用技术处理已有的图片，让它看起来更舒服、更美　　　　（　　）

（4）合适；恰当　　　　　　　　　　　　　　　　　　　　　（　　）

（5）　　　　　　　　　　　　　　（6）

（　　）　　　　　　　　　　　　　　　　（　　）

（7）　　　　　　　　　　　　　　（8）

（　　）　　　　　　　　　　　　　　　　（　　）

2 听句子，将你听懂的意思说出来。　04-1

（1）这不是同一张照片吗？让我仔细看看，好像第一张颜色更亮，第二张更清楚。

（2）第一张是拍了以后处理的，第二张是真实的。

（3）听你们这么一说，我也觉得网上看到的不少照片跟真人和风景的确有不一样的地方。

（4）现在大家都用的是智能手机，可以下载很多修图软件，我的手机里就有。

（5）拍了照片，适当美化一下给别人看，自己高兴，看的人也舒服。

（6）现在的修图技术可以把我们脑海里想的变成现实。比如，我拍了照片就可以用软件美化它，过几天不喜欢美化的了，还可以再把它还原回来。

（7）这个时代是多元的，什么都可以有。

三、语言点

▶ "V₁ 了 + V₂" 格式 The "V₁ 了 + V₂" structure

"V₁ 了 + V₂" 格式表示完成前一个行为以后，再开始后一个行为。如：

The "V₁ 了 + V₂" structure indicates that V₂ begins after the completion of V₁. For example:

① 昨天下午我们看了电影就回家了。

② 明天晚上吃了晚饭去看电影，怎么样？

③ 我们可以每星期去给学生上汉语课，下了课还可以跟他们做做游戏。

"V₁ 了 + V₂" 也可以说成 "V₁ 了以后 + V₂"。如：

The structure "V₁ 了 + V₂" can also be put as "V₁ 了以后 + V₂". For example:

④ 明天下了课以后你打算去哪儿？

语法活动

请用 "V₁ 了 + V₂" 或 "V₁ 了以后 + V₂" 改写下面的句子。

例：昨天下午我下了课，然后去了图书馆。

　　<u>昨天下午我下了课就去了图书馆。</u>

（1）明天上午我们先去书店买书，然后去喝茶。

_____

（2）他中午 11:30 下课。他坐地铁回家。

_____

（3）妈妈前天晚上 10:00 给我打电话。妈妈前天晚上 11:00 睡觉。

_____

（4）我收到礼物。我马上打开礼物。

_____

（5）我先吃完饭，然后去超市。

_____

四、主课文  04-2

照片一

照片二

李梅：杰克、艾玛，你们来看看，这两张照片有什么不一样？

杰克：这不是同一张照片吗？让我仔细看看，好像第一张颜色更亮，但是第二张更清楚。

李梅：艾玛，你觉得这两张照片哪一张更真实？

艾玛：要我说嘛，第一张是拍了以后处理的，第二张是真实的。我猜得对吗？

李梅：你们俩说得都对。今天我想跟你们聊的话题是"照片"。

（赵亮走过来，正好听到"照片"，笑了。）

赵亮：什么？照骗？李梅，你是在教他们"照骗"的方法吗？

杰克：什么"照片"的方法？"照片"可以这样用吗？

李梅：赵亮说的不是"照片"，是"照骗"，"骗人"的"骗"。

艾玛：这是新词？我可没学过！

赵亮：艾玛，你对现在微博上和微信朋友圈里的一些照片印象如何？

艾玛：不少照片都很好看，不管是人还是风景，都像艺术照。

李梅：我跟艾玛的感觉一样。

杰克：听你们这么一说，我也觉得网上看到的不少照片跟真人和风景的确有不一样的地方。

赵亮：所以我说"照骗"嘛！

李梅：说"照骗"是开玩笑的，我想是因为大家都喜欢美好的东西，所以才有这样的现象吧。

艾玛：现在大家用的都是智能手机，可以下载很多修图软件，我的手机里就有。

李梅：是啊，大家拍了照以后修一修图，然后给别人看美好的一面。我觉得这不算"照骗"。

赵亮：李梅说得有道理，拍了照片，适当美化一下给别人看，自己高兴，看的人也舒服。

杰克：对了，昨天我发给你们的美食图，你们觉得怎么样？

艾玛：杰克，我看得都流口水了，那是谁做的麻婆豆腐？

杰克：我自己学着网上的做法做的。其实，那个麻婆豆腐看着不错，可是太咸了，我自己都吃不下去。

李梅：杰克，你的照片可看不出来咸啊。这应该不是赵亮说的"照骗"吧。

赵亮：杰克拍的麻婆豆腐看起来很好吃，但是看不出咸，这是说照片给人的感觉与真实的东西不同。

艾玛：赵亮，那么"照骗"到底是什么呢？

赵亮：如果一个人把拍的照片美化得让别人认不出来，这就是我们说的"照骗"。

李梅：我明白了，就是指照片过度修图，照片就成了"照骗"。

杰克：其实，不止是微博和微信，Facebook、Instagram 上的图片也有很多是美化过的。

赵亮：现在的修图技术可以把我们脑海里想的变成现实。比如，我拍了照片就可以用软件去美化它，过几天不喜欢美化的了，还可以再把它还原回来。

李梅：的确，我听说还有一种软件，可以把别人美化过的图片还原回本来的样子。

艾玛：那不就"照骗"不了了吗？

赵亮：是的。其实，看到的照片是不是"照骗"，大家心知肚明。

杰克：这个时代是多元的，什么都可以有。来，来，来，我们自拍一张。

艾玛：杰克，你一定要用美颜相机啊！

李梅：哈哈，我们也喜欢"照骗"。

课文活动

1. 分角色朗读课文，然后回答下面的问题。

   （1）李梅让杰克看的两张照片一样吗？为什么？

   （2）艾玛对现在微博上和微信朋友圈里的许多照片印象如何？

   （3）为什么大家喜欢"照骗"？为什么现在很容易就能做到美化图片？

   （4）杰克做了什么菜？菜的实际味道怎么样？

   （5）李梅怎么解释"照骗"？

   （6）如果不喜欢美化的图片，怎么办？

   （7）最后，李梅、杰克、艾玛和赵亮怎样拍照片？

2. 根据你读的课文，试着不看课文，选词填空。

   （1）艾玛说现在的手机都是智能手机，可以＿＿＿＿很多＿＿＿＿软件，她的手机里就有。（修图　下载）

   （2）杰克昨天在网上发了＿＿＿＿，艾玛以为是别人做的＿＿＿＿，图片很美，看得艾玛都＿＿＿＿了。（流口水　麻婆豆腐　美食图）

   （3）Facebook、Instagram 上的图片也有很多是＿＿＿＿过的。现在的修图＿＿＿＿可以把我们脑海里想的变成＿＿＿＿。比如，我们可以把拍的照片用修图软件去美化一下，过几天不喜欢美化的了，还可以＿＿＿＿回来。（技术　还原　美化　现实）

3 请找一张你自己修过图的图片，跟你的同桌一起讨论一下美化图片在生活中的意义，然后向大家介绍你的看法。试着用"V_1 了 +V_2"格式。

五、副课文　04-3

一张照片

李梅拿出两张照片，请杰克和艾玛看看有什么不同。杰克认为是同一张照片，只不过一张更清楚，另一张颜色更亮。艾玛猜，清楚的那一张是真实的，而亮的那一张是处理过的。赵亮开玩笑地说这是"照骗"。其实，"照骗"在我们的生活中普遍存在，我们平时用的一些社交软件，如微博和微信里面的很多图片都是经过美化和修图以后上传的。这就是为什么网上看到的不少照片跟真人和风景不一致的原因。就像艾玛说的，这些社交软件里看到的人和风景的照片都像艺术照。

为什么大家喜欢上传美化过的图片呢？一方面，现在大家都用智能手机，下载各种修图软件也十分方便；另一方面，因为人都喜欢美好的事物，能让人看到更美好的一面，是一件让人快乐的事情。当然，任何事情都有两面性。你美化修图，上传到网上，让人们看到了美的景物和人。那有人就会想，真实的一面是什么样的呢？会不会过度美化了呢？因为生活中有美好的一面，也有不那么让人开心的一面啊。过度美化就丧失了一定的真实性，增加了人的感觉和真实的事物之间的距离，就像杰克昨晚发的麻婆豆腐的照片，看上去真的很不错，但其实那份麻婆豆腐做得太咸了，杰克自己都吃不下去。

现在的修图技术能满足人们的内心需要，可以把我们脑海里想要的变成现实。不过，也有人设计出一些软件，可以让美化过的图片马上还原回去。一张图，要它美，可以做到；要它还原，也可以马上做到。只不过现实与图片之间的距离到底有多大，生活在网络时代的我们都心知肚明。

李梅、杰克、艾玛和赵亮讨论完照片和"照骗"后，马上就来了一张合影，而且艾玛还说，一定要用美颜相机。看来，爱美之心，人皆有之。

补充词语

1	普遍	pǔbiàn	A	common, universal
2	社交	shèjiāo	N	social contact
3	上传	shàngchuán	V	to upload
4	一致	yízhì	A	same, consistent
5	两面性	liǎngmiànxìng	N	two-sidedness
6	丧失	sàngshī	V	to lose
7	距离	jùlí	N	distance
8	皆	jiē	Adv	all, both

课文活动

1 读课文，然后两人一组，把课文的意思复述给对方听。

2 不看课文，判断对错。

（1）李梅拿出的两张照片是一样的。　　　　　　　　　　　　　（　）

（2）社交软件上的很多图片都是经过美化或者修图以后上传的。　（　）

（3）现在我们在网上看到的照片跟真人和风景没有不一致的地方。（　）

（4）现在的技术能满足人们的内心需要，可以把我们脑海里想要的变成现实。

（　）

（5）杰克做的麻婆豆腐看上去非常好，实际上也真的很好吃。　　（　）

（6）最后他们几个人的合影没有用美颜相机。（　　）

3　听课文，在下面句子中的空格里填上你听到的词语。(不会写的汉字可以写拼音)

（1）艾玛猜，清楚的那一张是_____的，而亮的那一张是_____过的。

（2）微博、微信是大家都知道的_____软件，上面的很多图片都是经过_____或者_____以后上传的。

（3）为什么大家喜欢_____美化过的图片呢？因为人都喜欢_____的事物，能让人看到更美好的一面，是一件让人快乐的事情。

（4）真实与图片之间的_____到底有多大，生活在网络时代的我们都_____。

六、拓展练习

1　听录音，回答问题。　🔊 04-4

（1）李梅家的很多相册中有什么照片？

（2）杰克和艾玛为什么喜欢看李梅家的全家福？

（3）李梅家拍全家福的习惯是怎样的？

（4）杰克和艾玛在李梅家的全家福中看到了什么？

（5）有了智能手机以后，拍全家福有什么变化？

2　阅读《一年一张全家福》，回答问题。

　　李梅家有很多相册，有几本里面放的都是全家福，其中还能找到李梅的爷爷小时候的全家福。杰克和艾玛每次去李梅家，都喜欢看这些全家福，因为这些全家福记录着李梅家的美好时光。

　　李梅说，从爷爷小时候开始，家里就有个习惯，全家人每年都要去照相馆拍一张全家福。后来家里有了相机，每到过年的时候，吃年夜饭之前，全家人都要拍完全家福才会动筷子。这个习惯从李梅的爷爷传到李梅的爸爸，李梅也希望以后可以继续传下去。

　　杰克和艾玛从李梅家的这些全家福中，看到了时间的影子，看到了李梅从小到大的变化，也感受到了这个家庭的幸福和快乐。他们俩每次看李梅家的全家福,也会想起自己的家人和自己家的全家福。

一年一张全家福,这个习惯在很多中国人家里都有。杰克和艾玛说,在他们的国家也一样。尽管国家不同,但家庭的亲情在全家福中得到了一致的体现。全家人聚在一起的时候拍张合影,留下一张全家福,过一段时间再去看,都是美好的回忆。

自从有了智能手机,拍照片不再是一件难事。但是人们变得越来越忙,一是要聚在一起不容易,二是拍了照片以后就留在手机里,或者上传到网上。很多人不会将全家福打印出来,他们觉得留在手机里或者放在网上可以随时看,没有必要打印出来。但是,家里的老人不这么看,他们觉得照片拿在手上,就好像家人在自己身边。

补充词语

1	相册	xiàngcè	N	photo album
2	全家福	quánjiāfú	N	family portrait
3	记录	jìlù	V	to record, to keep a record of
4	时光	shíguāng	N	time
5	照相馆	zhàoxiàngguǎn	NP	photo studio
6	变化	biànhuà	N	change
7	聚	jù	V	to get together
8	打印	dǎyìn	V	to print

活动

读后回答问题。两人一组,回答的一方要用括号里的词说完整的句子。

(1) 李梅家有了相机以后,过年的时候,怎样拍全家福?

(V_1 了 +V_2、拍、动筷子)

（2）杰克和艾玛每次看李梅家的全家福时，有什么想法？（想念、全家福）

（3）全家人聚在一起的时候，拍张合影有什么好处？（过一段时间、回忆）

（4）家里的老人为什么喜欢打印照片？（拿、好像、身边）

3　写作训练。（课后练习）

我们都有拍照的习惯，跟你的同桌讨论一下你们拍照片的习惯和意义，然后写一篇文章，题目是《我的拍照感受》，字数为150~200字。一定要用上"V_1了+V_2"格式。

七、聚宝盆　（写下这一课新学会的词语和句子）

第五课 有点儿忙的人生

一、热身

1. 你来中国以后觉得中国人忙不忙？你觉得为什么有些人要这么忙？
2. 在你的国家，什么样的人会特别忙？忙与不忙，你会选哪一个？为什么？

二、词语

1	发现	fāxiàn	V	to find, to discover	发现他很忙
2	勤劳	qínláo	A	industrious, hard-working	非常勤劳
3	嫌	xián	V	to dislike	嫌麻烦
4	够	gòu	V	enough	不够
5	劳碌命	láolùmìng	NP	born to work hard	你真是个劳碌命！
6	阿姨	āyí	N	aunt, woman of about one's mother's age	
7	梦想	mèngxiǎng	N	dream	有一个梦想
8	闲不住	xián bu zhù	VP	to always keep oneself busy	
9	人生	rénshēng	N	life	
10	实现	shíxiàn	V	to realize, to come true	实现梦想
11	谦虚	qiānxū	A	modest	非常谦虚
12	教授	jiàoshòu	N	professor	大学教授

13	数学	shùxué	N	mathematics	数学教授
14	小说	xiǎoshuō	N	novel, fiction	写一本小说
15	叔叔	shūshu	N	uncle, man of about one's father age	
16	建筑师	jiànzhùshī	NP	architect	
17	唱片	chàngpiàn	N	phonorecord	一张唱片
18	迷	mí	Suf	fan, aficionado	音乐迷 小说迷
19	学院	xuéyuàn	N	college, academy, institute	音乐学院
20	滑	huá	V	to skate	滑冰
21	滑板	huábǎn	N	skateboard	喜欢滑滑板
22	冒险	mào xiǎn	V	to take an adventure, to risk	喜欢冒险
23	正常	zhèngcháng	A	normal	正常的事情
24	不务正业	bú wù zhèngyè		to not attend to one's proper work or duties	他总是不务正业。
25	努力	nǔlì	A	to make great efforts	
26	慢性子	mànxìngzi	N	slowcoach	他是个慢性子。
27	表面	biǎomiàn	N	surface	表面现象

词语活动

1. 看下面的文字或图片，根据文字或图片的意思，说一说是你学习的哪个词语，然后写在后面的括号里。

（1）说一个人一直在忙，不愿意停下来休息　　　　　　　　　　　　　（　　）

（2）没把主要的精力和时间放在主要工作上　　　　　　　　　　　　　（　　）

（3）做什么事情都慢，快不了的人　　　　　　　　　　（　　）

（4）不骄傲　　　　　　　　　　　　　　　　　　　　（　　）

（5）让梦想或者愿望变成现实　　　　　　　　　　　　（　　）

（6）　　　　　　　　　　　　（7）

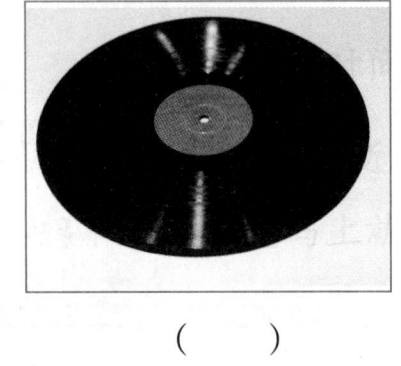
（　　）

（　　）

2 听句子，将你听懂的意思说出来。　🔊 05-1

（1）杰克，你才发现啊？我们中国人一直都是很勤劳的。

（2）中国人也太忙了，为了忙这忙那，都可以不休息。

（3）忙有什么不好？我还嫌自己不够忙呢！

（4）我可不这么想，赵亮是"劳碌命"，我就不喜欢自己太忙。

（5）我的中国阿姨一家三口每天从早忙到晚，还说时间不够用。

（6）有梦想的人可闲不住。

（7）这话我才不信呢！你们看，我每天也很忙，可是我就没什么梦想！

（8）阿姨是大学教授，教数学，还一直想着要写本小说。

（9）有时候，都晚上12点了，他还要听一张唱片再休息。

三、语言点

虚词 (1) The function words (1)：还₁、可、才、都

1. 还₁

（1）"还"可以表示勉强过得去，后面一般是褒义的形容词。如：

" 还 " indicates being barely passable, and is usually followed by a commendatory adjective. For example:

① 昨天的电影还不错。

② 她做的菜还可以。

（2）"还"也可以表示出乎意料，有赞叹的语气。如：

"还" is used to indicate surprise and admiration. For example:

③ 你还真不怕辣啊。

④ 说不定，你的梦想还真能实现呢！

2. 可

"可"用来加强语气，表示程度高。如：

"可" is used to strengthen the tone, indicating a high degree. For example:

⑤ 你的话我听得可认真了。

⑥ 时间我有，但钱可是一个大问题。

3. 才

"才"强调确定的语气。如：

"才" is used to emphasize the tone of certainty. For example:

⑦ 今天不算冷，明天才真的冷呢。

⑧ 我才不吃你做的麻婆豆腐呢，每次都咸。

4. 都

"都"表示"已经"的意思，带有夸张的语气，句末常用"了"。如：

"都" means "already", and is used with a tone of exaggeration. "了" is often used at the end of the sentence. For example:

⑨ 都快七点了，你怎么还不起床？

⑩ 时间过得真快，我们大学毕业都十多年了。

语法活动

用"还、可、才、都"填空。

（1）我_____说过我不去了，别再让我去了。

（2）这是杰克第一次学做中国菜，吃起来_____不错。

（3）艾玛_____不是没有梦想的人呢，她的梦想是以后当一名中文翻译。

（4）明早大家早点儿来，_____不能迟到啊。

（5）他_____不喜欢吃巧克力呢，我看是你自己想吃吧。

四、主课文 🔊 05-2

杰克：我这几天有一些新的收获。

艾玛：什么新收获？快说给我们听听。

杰克：我发现中国人喜欢忙。

李梅：杰克，你才发现啊？我们中国人一直都是很勤劳的。

杰克：很多国家的人都很勤劳，但是中国人也太忙了，为了忙这忙那，都可以不休息。

艾玛：杰克说得有道理，我身边的中国人都在说忙。

赵亮：忙有什么不好？我还嫌自己不够忙呢！

李梅：我可不这么想，赵亮是"劳碌命"，我就不喜欢自己太忙。

杰克：我的中国阿姨一家三口每天从早忙到晚，还说时间不够用。

艾玛：杰克，快跟我们说说你的中国阿姨一家为什么这么忙。

赵亮：我猜啊，杰克的中国阿姨一家都是有梦想的人。有梦想的人可闲不住。

李梅：这话我同意，有梦想的人生是幸福的。

艾玛：这话我才不信呢！你们看，我每天也很忙，可是我就没什么梦想！

赵亮：艾玛，你还没梦想？你来中国学习不就是为了实现自己的梦想吗？

杰克：是啊，艾玛，你太谦虚了。不过说起来，我的中国阿姨一家三口还真是各有各的梦想。阿姨是大学教授，教数学，还一直想着要写本小说。

艾玛：真有意思。叔叔是干什么的？

杰克：叔叔是建筑师，每天工作很忙。但是他喜欢听音乐，有时候，都晚上12点了，他还要听一张唱片再休息。

赵亮：嗯，叔叔可真是一位音乐迷。

杰克：阿姨的女儿是音乐学院毕业的，在中学当老师，她的业余爱好是滑滑板，每星期要练习很多次。

李梅：阿姨的女儿学习的是艺术，没想到她还喜欢这么有冒险精神的运动。

艾玛：杰克，我听你这么一说，阿姨一家三口的忙就很正常啊，他们不是一直在忙工作。

赵亮：是啊，阿姨一家在忙工作的同时，也忙各自的爱好，这是美好的人生啊！

杰克：跟他们一家人相比，我都不好意思说自己学习汉语累了。

李梅：杰克，你学习汉语也很认真啊，每个人对生活的认识都不一样。

艾玛：我看我们几个人还好吧，都算不上太忙。

赵亮：所以我爸常说我很闲，不务正业。

李梅：哈哈，中国的父母总希望孩子学习好，希望看到孩子一直努力的样子。

杰克：李梅，你刚才说你不喜欢自己太忙，为什么？

李梅：我是慢性子，喜欢看书，看了书还要思考一下。如果太忙，就没时间看书、思考了。

艾玛：我跟李梅差不多，忙与不忙，还真不能从表面看。心里不感到累，那都不叫忙。

杰克：嗯，跟你们这么一聊，我觉得我的中国阿姨一家都不叫忙。

赵亮：我觉得他们是忙而不累。

课文活动

1. 分角色朗读课文，然后回答下面的问题。

   （1）杰克这几天有什么新收获？

   （2）李梅说赵亮是"劳碌命"，是什么意思？李梅喜欢跟赵亮一样吗？

   （3）杰克的中国阿姨一家都是干什么的？他们每天忙什么？

   （4）艾玛有梦想吗？她的梦想是什么？

   （5）李梅为什么不喜欢太忙？

   （6）艾玛觉得忙与不忙，要看什么？

2. 根据你读的课文，试着不看课文，选词填空。

   （1）杰克觉得很多国家的人都很_____，但是中国人也太忙了，为了忙这忙那，_____可以不_____。（都、休息、勤劳）

   （2）赵亮_____杰克的中国阿姨一家都是有_____的人，有_____的人可_____。（闲不住、猜、梦想）

   （3）杰克的中国阿姨是大学_____，教_____，还一直想着要写本_____。叔叔是_____，每天工作很忙，但是他喜欢听音乐。有时候，都晚上12点了，他还要听一张_____再休息。

   （教授、建筑师、小说、数学、唱片）

3. 请跟你的同桌讨论一下：你们怎么看忙与不忙，并说一说你自己喜欢忙还是不忙的生活。试着用"还、可、才、都"表达。

五、副课文  05-3

有点儿忙的人生

杰克告诉大家，这几天他有了一些新收获，他发现中国人喜欢忙。李梅非常同意杰克的看法，因为中国人一直都很勤劳。不过杰克认为，跟很多国家的人的勤劳不一样，中国人也太忙了，为了忙这忙那，都可以不休息。

艾玛觉得杰克说的有道理，因为她也发现自己身边的中国人都很忙。赵亮觉得忙没什么不好，他还嫌自己不够忙呢！不过李梅不同意赵亮的话，觉得赵亮就是"劳碌命"，她才不喜欢自己那么忙呢，因为她是慢性子，喜欢看书的时候思考一下，如果太忙就没时间思考了。

杰克的中国阿姨一家三口，每天从早忙到晚，还总是说时间不够。大家都很好奇：他们一家为什么这么忙？他们每天都在忙什么？杰克说，阿姨是大学的数学教授，但是还一直想着要写一本小说；叔叔是建筑师，每天工作很忙，不过他很喜欢音乐，是个音乐迷，所以有时候都晚上12点了，他还要听一张唱片再休息；阿姨的女儿是音乐学院毕业的，现在是一位中学老师，不过，她的业余爱好是有冒险精神的滑板运动。

听完杰克的介绍，大家才知道，原来阿姨一家不是总在忙工作，也忙各自的爱好，看来这一家都是有梦想的人，有梦想的人是闲不住的，他们的人生真算得上是美好的人生了。就像李梅说的，有梦想的人是很幸福的。所以，忙与不忙，不能从表面来看。一个人心里不感到累，就不叫忙，生活要忙而不累。

相比之下，艾玛说虽然自己也很忙，不过没什么梦想。实际上，大家觉得艾玛太谦虚了，她来中国学习汉语，就已经是在实现自己的梦想了。其实，忙或者不忙，反映的是每个人对生活不一样的认识。比如在中国，很多父母都希望自己的孩子学习好，希望看到孩子一直努力的样子，所以，虽然赵亮每天都很忙，可是赵亮的爸爸总认为赵亮闲得很，不务正业。

补充词语

1	算得上	suàn dé shàng	VP	can be considered as
2	实际上	shíjìshang	Adv	in fact
3	闲得很	xián de hěn	VP	not busy, idle

课文活动

1. 读课文，然后两人一组，把课文的意思复述给对方听。

2. 不看课文，判断对错。

   （1）杰克觉得只有中国人一直很勤劳。（　　）

   （2）赵亮认为，忙没什么不好，他还嫌自己不够忙。（　　）

   （3）杰克的中国阿姨一家都是有梦想的人，有梦想的人都闲不住。（　　）

   （4）艾玛来中国学习汉语，因为她的梦想实现不了。（　　）

   （5）叔叔是建筑师，也是音乐迷，但是他想写一本小说。（　　）

   （6）阿姨是大学教授，教数学。（　　）

   （7）阿姨的女儿喜欢滑滑板，有冒险精神。（　　）

   （8）杰克、艾玛、李梅和赵亮都喜欢自己忙一点儿，而且要忙而不累。（　　）

3. 听课文，在下面句子中的空格里填上你听到的词语。(不会写的汉字可以写拼音)

   （1）杰克这几天有了一些新_____，他_____中国人喜欢忙。

   （2）李梅不_____赵亮的话，觉得赵亮就是"_____"，她_____不喜欢自己那么忙呢。

（3）阿姨一家不是总在_____工作，也忙_____的爱好，算得上是美好的人生了。

（4）赵亮的爸爸总认为赵亮_____，_____。

六、拓展练习

1　听录音，回答问题。 🔊 05-4

（1）艾玛这个星期六早上去公园干什么？她看到了什么？

（2）王大爷在做什么？

（3）王大爷的儿子、女儿做什么工作？

（4）王大爷知道他的孩子们为什么忙吗？

（5）王大爷希望孩子们怎么样？

2　阅读短文，回答问题。

艾玛最近很喜欢散步。这个星期六，天气很好，早上才 7:30 她就来到学校附近的一个公园散步，公园里有不少人在打太极拳。

艾玛发现有一位老大爷坐在一边，正在看别人打太极拳。于是，她走过去跟老人打招呼："老大爷，您好！我叫艾玛，是法国人，现在在中国学习汉语。"

老大爷笑着对艾玛说："姑娘，你的汉语说得可真不错。"

"谢谢。您有时间的话，我想跟您聊聊，行吗？"

"哦，好啊！我有的是时间，我都退休五六年了。"

老大爷姓王，退休前是一位中学教师。他很喜欢来公园晒太阳，不过王大爷总是一个人来，因为他的儿子、儿媳、女儿、女婿和两个孙子太忙了，每天都忙得没时间好好儿睡觉：晚上很晚不睡，早上又要早起。

艾玛很好奇：王大爷的孩子们每天都在忙些什么？王大爷笑着说，他也想知道为什么现在的年轻人都这么忙。王大爷说，他的儿子在一家很大的公司工作，儿媳是老师，女儿是医生，女婿有自己的公司，两个孙子都在读中学。

"家里的孩子们都很努力,要是不努力,也就不会那么忙了。我的女婿都已经有自己的公司了,还说要去读EMBA,哪有时间休息?"

艾玛说,来中国以后,她发现身边的中国年轻人一般都很忙,她不太明白为什么。王大爷说,他退休以前也很忙,退休了才发现,其实可以不那么忙,每个人都可以慢下来,享受美好的生活。他发现,现在年轻人的兴趣太多,时间安排得太紧张,周末也没时间休息。他们一家人想周末聚在一起吃饭都不容易,王大爷常常跟他的孩子们说,希望他们学会慢下来,这样才能有时间享受真正美好的人生。

王大爷问艾玛:"法国人是不是也像中国人这样忙?"

艾玛说:"有的人是真的很忙,但是大部分法国人没有中国人这么忙。人们工作的时候很努力,但该休息的时候,他们就会跟家人、朋友在一起,好好儿享受生活和美食。"

王大爷觉得,中国的年轻人在这方面应该向法国人学习:一方面,要更加努力地工作;另一方面,也要学会让自己慢下来,好好儿享受生活。

补充词语

1	太极拳	tàijíquán	N	*taijiquan*, a Chinese martial art
2	打招呼	dǎ zhāohu	VP	to greet (sb.)
3	儿媳	érxí	N	daughter-in-law
4	女婿	nǚxu	N	son-in-law
5	享受	xiǎngshòu	V	to enjoy

活动

读后回答问题。两人一组,回答的一方要用括号里的词说完整的句子。

(1) 王大爷为什么跟艾玛说他有的是时间?(退休、都)

（2）王大爷的孩子们努力吗？他的女婿为什么没有时间休息？

（公司、EMBA）

（3）周末，王大爷一家人为什么不容易聚在一起吃饭？

（年轻人、兴趣、安排、紧张、休息）

3 写作训练。（课后练习）

请你调查一下身边的同学或者中国人，看看大家对忙和不忙有什么看法。写一篇150~200字的调查报告，请用上"还、可、都、才"。

七、聚宝盆 （写下这一课新学会的词语和句子）

第六课

时间都去哪儿了

一、热身

1. 说一说你每天大部分的时间都在做什么。
2. 时间看不见，但是跑得快，你能说说时间都去哪儿了吗？

二、词语

1	芽	yá	N	bud, sprout	发芽
2	院里	yuàn li	NP	in the yard	
3	枯木	kūmù	N	withered tree	枯木发芽
4	开花	kāi huā	V	to bloom	
5	倍	bèi	M	time(s), -fold	两倍 几倍
6	睡神	shuìshén	NP	god of sleep	
7	碗	wǎn	N	bowl	一碗米饭
8	却	què	Conj	but, yet	
9	哪壶不开提哪壶	nǎ hú bù kāi tí nǎ hú		to touch a sore spot, to talk about sth. that should not be mentioned	
	壶	hú	N	pot, kettle	水壶
	开	kāi	V	to boil	水开了
	提	tí	V	to lift, to mention	提起这件事

10	珍惜	zhēnxī	V	to cherish	珍惜时间
11	日子	rìzi	N	day	在中国的日子
12	水盆	shuǐpén	NP	washbasin	
13	过去	guò qu	V	to pass by	过去一年了
14	发呆	fā dāi	V	to be in a daze	发一会儿呆
15	建议	jiànyì	N	advice	
16	实习	shíxí	V	to work as an intern	实习一个月

▲ 专有名词

| 朱自清 | Zhū Zìqīng | Zhu Ziqing, a Chinese writer |

词语活动

1. 看下面的意思，说一说是你学习的哪个词，然后写在后面的括号里。

（1）短时间坐或站在那里，脑子里什么也不想　　　　　　　　　（　　）

（2）时间　　　　　　　　　　　　　　　　　　　　　　　　　（　　）

（3）喜欢睡觉的人　　　　　　　　　　　　　　　　　　　　　（　　）

（4）说起（一件事或者一个人）　　　　　　　　　　　　　　　（　　）

（5）不希望你说，可是你就要说这事儿　　　　　　　　　　　　（　　）

（6）向别人说出的看法　　　　　　　　　　　　　　　　　　　（　　）

（7）　　　　　　　　　　　（8）

（　　）　　　　　　　　　　　　　　　　　（　　）

2 听句子，将你听懂的意思说出来。 🔊 06-1

（1）我每天的时间有三分之一用来睡觉，三分之一在学校学习。

（2）杰克说他每天只要睡4个小时就够了，而我每天睡10个小时还不够，我睡觉的时间是杰克的2.5倍。

（3）你们知道我吃不胖，我只有61.2公斤。

（4）李梅发呆的时间是杰克的两倍，杰克发呆的时间是李梅的二分之一。

（5）我吃一碗面，她却能吃两碗，吃的比我多一倍。

（6）赵亮比杰克轻了20%。

（7）赵亮差不多十分之九的时间都在图书馆里，只有十分之一的时间用来运动和陪女朋友。

三、语言点

小数、分数、倍数 Decimals, fractions and multiples

（1）小数 Decimals

① 3.14　三点一四

② 56.67　五十六点六七

（2）分数 Fractions

③ 1/3　三分之一

④ 4/7　七分之四

⑤ 我们班有15个学生，他们班有30个，我们班的学生人数是他们班学生人数的二分之一。

（3）倍数 Multiples

⑥ 我们班有15个学生，他们班有30个，他们班的学生人数是我们班学生人数的两倍。

这句话也可以说成：

⑦ 我们班有15个学生，他们班有30个，他们班的学生人数比我们班学生人数多一倍。

语法活动

1. 读出下面的数字。

   3/4　　　1/5　　　5/22

   2.38　　89.226　　11.98

   61%　　39%　　78.5%

2. 计算。

   （1）我的工资是6000元，我的工资是他工资的三分之一，他的工资是_____元。

   （2）我们班有20个学生，其中五分之二是女生，那么我们班的女生有_____个。

   （3）这次旅行，我才花了1800元，他花的钱是我的四倍，那么他花了_____元。

   （4）我老家的人口是400万，上海的人口是2400万，上海的人口是我老家人口的_____倍。

   （5）他60岁，我才20岁，我的年龄是他年龄的_____。

四、主课文

 06-2

李梅：我最近很喜欢一首歌——《时间都去哪儿了》。

杰克：我知道，就是那首很多人在唱的"门前老树长新芽，院里枯木又开花"的歌。

艾玛：杰克，你怎么会唱这首歌？

杰克：我的中国阿姨教我的。

赵亮：这首歌很多人都喜欢。时间都去哪儿了？我也想知道我自己的时间都去哪儿了。

李梅：我每天的时间有三分之一用来睡觉，三分之一在学校学习。

艾玛：我记得杰克说，他每天只要睡4个小时就够了，而我每天睡10小时还不够，我睡觉的时间是杰克的2.5倍。

赵亮：艾玛，你这么能睡，我们可以叫你"睡神"。

杰克：艾玛不但能睡，而且能吃。我吃一碗面，她却能吃两碗，吃的比我多一倍。

艾玛：杰克，虽然你吃饭没我多，但体重却不比我少吧？

杰克：我体重76.5公斤。

李梅：你们猜猜赵亮的体重是多少。

赵亮：别哪壶不开提哪壶，你们知道我吃不胖，我只有61.2公斤。

艾玛：赵亮比杰克轻了20%。

杰克：我们不是在说时间都去哪儿了吗？怎么说起体重了？

赵亮：时间看不见，但是跑得飞快。

李梅：是啊，所以我们的父母和老师总是要我们珍惜时间。

杰克：我记得朱自清的书里说"洗手的时候，日子从水盆里过去；吃饭的时候，日子从饭碗里过去"。

艾玛：现在我们说话的时候，日子从声音里过去了。

赵亮：虽然我们不知道时间去哪儿了，但是我们每天在一起很快乐。

杰克：赵亮说得对。我们每天在一起很快乐，学习、生活都很有意思。我每天还会发发呆呢！

李梅：我也常常在休息的时候发呆，我觉得发呆也是一种休息。

艾玛：等等，快说说你们每天发呆的时间，让我看看你们谁更"呆"。

赵亮：哈哈，我同意艾玛的建议。

杰克：说就说，我每天差不多发10~15分钟的呆。

李梅：我每天发呆要半个小时以上。

赵亮：哦，李梅发呆的时间是杰克的两倍，杰克发呆的时间是李梅的二分之一。

艾玛：赵亮，你会发呆吗？

赵亮：我？我不发呆，我的时间都用在……不告诉你们。

杰克：赵亮嘛，时间都用来运动和陪女朋友了。

李梅：不对，赵亮差不多十分之九的时间都在图书馆里，只有十分之一的时间用来运动和陪女朋友。

赵亮：那我不就是"神"了？不吃、不喝、不睡觉。

艾玛：哎呀，现在几点了？我要去公司实习，会不会迟到？

杰克：现在 12:48。

艾玛：天啊，时间都去哪儿了？都是跟你们聊天儿聊没的。

课文活动

1 分角色朗读课文，然后回答下面的问题。

（1）李梅最近喜欢什么歌？

（2）杰克为什么会唱这首歌？

（3）李梅每天的时间安排是什么样的？

（4）李梅睡觉的时间是艾玛的几分之几？

（5）赵亮和杰克的体重各是多少？赵亮比杰克轻多少？

（6）赵亮十分之一的时间用来干什么？

2 根据你读的课文，试着不看课文，选词填空。

（1）我知道，就是那首很多人在唱的"门前老树长新_____，_____枯木又_____"的歌。（开花、芽、院里）

（2）我记得朱自清的书里说"_____的时候，_____从水盆里_____；吃饭的时候，日子从_____里_____。"

（日子、洗手、饭碗、过去）

（3）哎呀，现在几点了？我要去公司_____，会不会_____？

（迟到、实习）

3 请跟你的同桌讨论一下：你们一天的时间都去哪儿了？表达中请试着用上"小数、分数和倍数"。

五、副课文  06-3

时间都去哪儿了

李梅告诉大家，她最近很喜欢一首歌，歌名是"时间都去哪儿了"。想不到，杰克马上就说出了两句歌词，"门前老树长新芽，院里枯木又开花"。艾玛非常吃惊，原来这首歌是杰克的中国阿姨教给他的。

赵亮对"时间都去哪儿了"这个话题很感兴趣，想跟大家讨论一下他们各自的时间都去哪儿了。

李梅每天要睡8个小时，还有三分之一的时间在学校学习。杰克睡得不多，每天只要睡4个小时就够了。艾玛却要睡10个小时，是杰克的2.5倍。因此，赵亮开玩笑说艾玛是"睡神"。

杰克过来凑热闹，说艾玛不但能睡，还能吃，他自己吃一碗面，艾玛却要吃两碗，是自己的两倍。艾玛聪明地换了话题，问杰克的体重是多少。杰克说自己体重是76.5公斤。李梅问赵亮，赵亮很不好意思，觉得李梅哪壶不开提哪壶。赵亮是吃不胖的人，体重只有61.2公斤，比杰克轻了20%。

回到"时间都去哪儿了"这个话题，大家都认为时间看不见，但是跑得飞快，所以老师和父母总是要大家珍惜时间。就像朱自清在文章里写的，"洗手的时候，日子从水盆里过去；吃饭的时候，日子从饭碗里过去"。艾玛说，现在大家说话的时候，日子从声音里过去了。

赵亮的看法是，虽然不知道时间去哪儿了，但是他们每天在一起很快乐。杰克说自己每天还要发一会儿呆，差不多10~15分钟，李梅也会发呆，一发呆就要半个小时以上，是杰克的两倍。赵亮不会发呆，他的时间都用在哪儿了呢？杰克觉得，赵亮的时间都用来运动和陪女朋友了。可是李梅说，赵亮只有十分之一的时间用来运动和陪女朋友，还有差不多十分之九的时间都在图书馆里。赵亮笑着说，那样的话，他就没有时间吃饭、喝水、睡觉了。

他们聊得很开心，艾玛几乎忘了自己要去公司实习。

补充词语

1	吃惊	chī jīng	V	to be surprised
2	凑热闹	còu rènao	VP	to add to the trouble, to join in the fun

课文活动

1. 读课文，然后两人一组，把课文的意思复述给对方听。

2. 不看课文，判断对错。

   （1）李梅和杰克都会唱《时间都去哪儿了》这首歌。　　　　（　　）

   （2）赵亮知道自己的时间都去哪儿了，所以他不想讨论这个话题。（　　）

   （3）李梅每天睡觉的时间是艾玛的五分之四。　　　　　　　（　　）

   （4）赵亮不喜欢别人说他体重轻。　　　　　　　　　　　　（　　）

   （5）杰克读过朱自清的文章，知道朱自清写的话。　　　　　（　　）

   （6）课文里没说艾玛喜欢发呆。　　　　　　　　　　　　　（　　）

   （7）赵亮很喜欢在图书馆看书。　　　　　　　　　　　　　（　　）

   （8）他们聊得很开心，艾玛就不去公司实习了。　　　　　　（　　）

3. 听课文，在下面句子中的空格里填上你听到的词语。(不会写的汉字可以写拼音)

   （1）杰克会唱《时间都去哪儿了》，艾玛非常_____，_____是杰克的中国阿姨教他的。

（2）杰克过来_____，说艾玛_____能睡，_____能吃，他自己吃一碗面，艾玛_____要吃两碗，是自己的两_____。

（3）赵亮很不好意思，觉得李梅哪_____不开_____哪_____。赵亮是吃不胖的人，_____只有61.2公斤，比杰克轻20%。

六、拓展练习

1. 听录音，回答问题。 🔊 06-4

   （1）"三岁看大，七岁看老"是什么意思？

   （2）一个人出生时大脑怎么样？

   （3）1980年的研究结果怎么样？

   （4）为什么每一个爸爸、妈妈都要好好儿珍惜孩子在三岁前的时光？

2. 阅读《三岁看大，七岁看老》，回答问题。

   中国人常说一句话，"三岁看大，七岁看老"。这句话的意思是，一个孩子3岁的时候，就能看出他/她长大后是什么样的人；7岁的时候，就能看出他/她老的时候的情况。是这样的吗？

   有研究结果说，3岁以前是一个人大脑发育非常重要的时期。一个人出生时，大脑的重量只有370克；1岁时，孩子的大脑重量已经差不多是大人的60%；2岁时，孩子的大脑重量差不多是出生时的3倍，是大人大脑重量的75%；到3岁时，孩子的大脑重量已经跟大人的差不多了，在这之后的发育就变慢了。这样来看，3岁以前的时间确实会影响人一生的发展变化。所以，爸爸、妈妈要好好儿把握孩子3岁以前的时间，让孩子健康成长。

   1980年，英国科学家们做了一个研究：他们找了1000名3岁的孩子，观察了这些孩子的性格特点，等这些孩子长到26岁时，科学家们再跟这些人谈话，并且向他们的亲戚了解情况。最后发现，这些人在26岁时的性格真的跟他们3岁时差不多。科学家们非常吃惊，这也说明，"三岁看大"还真有些道理。

   如果一个人在3岁以前的成长时期会对他/她以后的人生有那么大的影响，那么，每一个爸爸、妈妈的确应该好好儿珍惜孩子在3岁前的时光，让孩子有健康的性格，这样才会让孩子长大后更容易感受到幸福。

▸ 补充词语

1	大脑	dànǎo	N	cerebrum, brain
2	发育	fāyù	V	to grow, to develop
3	出生	chūshēng	V	to be born
4	重量	zhòngliàng	N	weight
5	克	kè	M	gram
6	发展	fāzhǎn	V	to develop
7	把握	bǎwò	V	to make it count
8	成长	chéngzhǎng	V	to grow up
9	亲戚	qīnqi	N	relative, family member related to someone by marriage or blood

● 活动

读课文后回答问题。两人一组，回答的一方要用括号里的词说完整的句子。

（1）孩子出生后的3年中，大脑有什么变化？

（重量、占、差不多、发育、倍、变慢）

（2）爸爸、妈妈在孩子3岁前要做什么？（把握、珍惜、健康）

（3）将1000个孩子26岁时的性格跟他们3岁时进行对比，科学家们发现了什么？（差不多、吃惊、有道理）

3 写作训练。（课后练习）

你觉得时间总是过得一样快吗？跟你身边的朋友聊一聊这个话题，然后写一篇150~200字的作文，题目可以自己定。请使用分数、小数和倍数。

七、聚宝盆 （写下这一课新学会的词语和句子）

第七课 我们不一样

一、热身

1. 我们每个人都跟别人不一样，请说说你跟别人哪里不一样。
2. 在什么时候，你会觉得自己跟别人很不一样？

二、词语

1	一……就……	yī…jiù…		as soon as…	一看书就想睡觉
2	肚子	dùzi	N	belly	
3	越……越……	yuè…yuè…		the more…, the more…	越走越快
4	打开	dǎ kāi	V	to open	打开课本
5	话匣子	huàxiázi	N	chatterbox	打开话匣子
6	洗耳恭听	xǐ'ěr-gōngtīng		to listen with respectful attention	
7	南方人	nánfāngrén	NP	southerner	
8	北方人	běifāngrén	NP	northerner	
9	既/又……又……	jì/yòu… yòu…	Conj	both/and… and…	
10	分别	fēnbié	Adv	respectively	分别谈谈自己的看法

71

11	代表	dàibiǎo	V	on behalf of	代表自己
12	比萨	bǐsà	N	pizza	我爱吃比萨。
13	独一无二	dúyī-wú'èr		unique	
14	臭味相投	chòuwèi-xiāngtóu		friends attracted to each other by common tastes	
15	文化	wénhuà	N	culture	
16	频繁	pínfán	A	frequent	活动频繁
17	总而言之	zǒng'éryánzhī		in a word	总而言之，我们都喜欢中国。

词语活动

1. 看下面的文字，根据文字的意思，说一说是你学习的哪个词语，然后写在后面的括号里。

   （1）因为兴趣（一般指不好的）相同而互相欣赏　　　　　　　　（　　）

   （2）特别爱说话　　　　　　　　　　　　　　　　　　　　　　（　　）

   （3）找不到第二个一样的　　　　　　　　　　　　　　　　　　（　　）

   （4）经常的；次数很多　　　　　　　　　　　　　　　　　　　（　　）

   （5）非常认真地听　　　　　　　　　　　　　　　　　　　　　（　　）

   （6）各自　　　　　　　　　　　　　　　　　　　　　　　　　（　　）

2. 听句子，将你听懂的意思说出来。　07-1

   （1）一说到这个话题，我就有一肚子话要说。

   （2）赵亮，平时越让你说，你越不愿意说，今天怎么打开了话匣子？

   （3）我既爱吃法国菜，又爱吃中国菜，还爱吃比萨。

   （4）东、西、南、北？赵亮，我怎么越听越糊涂？

   （5）我觉得我们既有很多不一样的地方，又有很多一样的地方。

（6）全世界的交流越来越频繁，我们对很多事的看法都差不多。

（7）艾玛真是越来越会说话了，不过，我们可不"臭"啊！

三、语言点

▲ 关联词语（3）Correlatives（3）

（1）"既/又……又……"表示同时存在两种情况或状态。如：

"既/又……又……"(both... and...) indicates the coexistence of two situations or states. For example:

① 你说的话让我既高兴，又有些担心。

② 这孩子，几年不见，长得又高又大。

③ 这个地方的人既聪明，又勤劳，学什么都很快。

（2）"一……就……"表示一种动作或情况出现后紧接着就出现另一种动作或情况。如：

"一……就……" (as soon as...) indicates the emergence of one action or situaton is right followed by another action or situation. For example:

④ 那个图书馆一到周末人就特别多。

⑤ 太阳一出来，我的心情就好起来了。

（3）"越……越……"表示在程度上后一种情况随前一种情况的变化而变化。如：

"越……越……" (the more..., the more...) indicates the second situation changes with the first one in degree. For example:

⑥ 现在，李小华的生意越做越大了。

⑦ 经济越发展，我们越应该重视环境保护。

语法活动

请用括号里的关联词改写下面的句子。

例：外面的雨下得更大了，我们没办法回家。（越……越……）

外面的雨越下越大，我们没办法回家。

（1）昨天小王回家告诉了妈妈，他买到了电影票。（一……就……）

（2）学校新建的图书馆很大，很漂亮。（既/又……又……）

（3）学习汉语的时间长，汉语水平才会高。（越……越……）

（4）周末的时候，公园里有很多人。（一……就……）

四、主课文  07-2

艾玛：我最近在公司实习，认识了一位朋友，她跟我聊天儿的时候常常说一句话。

赵亮：什么话？说给我们听听。

艾玛：她常常会说"我们不一样"。

李梅：哈哈，她发现你有哪些地方跟她不一样？

杰克：我觉得除了长得不一样，肯定还有爱好和生活习惯也不一样。

艾玛：我觉得杰克说的有道理。

李梅：其实，我们四个人就很不一样啊。

赵亮：一说到这个话题，我就有一肚子话要说。

杰克：赵亮，平时越让你说，你越不愿意说，今天怎么打开了话匣子？

艾玛：那得看让他说什么了。赵亮，你快说，我们洗耳恭听。

赵亮：我觉得用东、西、南、北就能说明我们不一样。

杰克：东、西、南、北？赵亮，我怎么越听越糊涂。

李梅：我明白了，我是南方人，赵亮是北方人，生活习惯上就有很多不一样的地方。

赵亮：嗯，我和李梅既可以分别代表南、北，又可以一起代表东。

李梅：中国是亚洲国家，在东方，赵亮和我是中国人，可以代表东。

杰克：我也明白了。我是美国人，艾玛是法国人，我们都是西方人，当然代表的是西。不过，我爱吃比萨，艾玛爱吃法国菜，我们的生活习惯也不一样。

艾玛：我既爱吃法国菜，又爱吃中国菜，还爱吃比萨。

赵亮：这么看来，我们每个人都是独一无二的。

杰克：那么，为什么我们几个不一样的人却可以成为好朋友呢？

李梅：那是因为我们既有很多不一样的地方，又有很多一样的地方。

杰克：对！比如我和赵亮爱运动，李梅和艾玛喜欢安静，但是我们四个人都一样爱吃辣。

艾玛：这么一说，我想起了一个成语，叫"臭味相投"，说的就是我们四个人吧？

赵亮：艾玛真是越来越会说话了，不过，我们可不"臭"啊！

李梅：哈哈！我觉得艾玛说得很对。我还觉得我们在很多方面都"臭味相投"呢。

杰克：这话我同意。虽然我们的语言和文化不一样，但是全世界的交流越来越频繁，我们对很多事的看法都差不多。

赵亮：总而言之一句话，我们既不一样又一样。

课文活动

1. 分角色朗读课文，然后回答下面的问题。

    （1）艾玛在公司实习认识的一个朋友最近常常说的一句话是什么？

    （2）杰克觉得艾玛跟公司的朋友哪里不一样？

    （3）赵亮对什么话题有一肚子话要说？

    （4）为什么说他们四个人既有一样的地方，又有不一样的地方？

    （5）谁不爱吃辣的？谁喜欢运动？

2. 根据你读的课文，试着不看课文，选词填空。

    （1）李梅是_____人，赵亮是_____人，他们的生活_____上就有很多不一样的地方。　　　　　　　　　　　　　　（南方、习惯、北方）

    （2）虽然我们的语言和_____不一样，但是全世界的_____越来越_____，我们对很多事的_____都差不多。
    　　　　　　　　　　　　　　　　　　　　　　（文化、频繁、看法、交流）

    （3）杰克、艾玛、李梅和赵亮，他们每个人都是_____的，但是他们又有很多地方是一样的，这叫"_____"。（臭味相投、独一无二）

3. 请跟你的同桌讨论一下：你们俩什么地方是一样的？什么地方不一样？表达中请试着用上"既/又……又……""一……就……"和"越……越……"。

五、副课文

我们不一样

艾玛最近在一家公司实习，认识了一位朋友，她常常跟艾玛说，她们不一样。艾玛觉得有些奇怪，回到学校告诉了李梅、杰克和赵亮。这个话题一下子引起了大家的兴趣。

李梅想知道，艾玛的朋友跟艾玛到底哪里不一样。杰克抢着回答，他认为不一样的地方太多了。首先长得不一样，还有爱好

第七课
我们不一样

和生活习惯也都不一样。艾玛听杰克这么一说，觉得有道理，李梅也有同感。旁边的赵亮一说到这个话题，就像打开了话匣子。他认为，可以用"东、西、南、北"来说明他们的不同：李梅是南方人，自己是北方人，他们的饮食习惯很不一样，可以分别代表南和北，但他们都是中国人，可以一起代表东；而杰克是美国人，艾玛是法国人，他们都是西方人，可以代表西。

李梅补充说，他们既有不一样的地方，又有一样的地方。杰克完全同意赵亮的看法，虽然大家的语言和文化存在差异，但是目前全世界的交流越来越频繁，大家对许多事情的看法都差不多。就像艾玛，她是法国人，从小就爱吃法国菜，来中国后，又爱上了中国菜，而且她和杰克一样，也爱吃比萨。

其实，每个人都是独一无二的，杰克和赵亮爱运动，李梅和艾玛喜欢安静，但是他们都一样爱吃辣，所以他们才会成为好朋友。艾玛开玩笑说，这就叫"臭味相投"。

补充词语

1	奇怪	qíguài	A	strange
2	同感	tónggǎn	N	the same feeling
3	饮食	yǐnshí	N	diet
4	补充	bǔchōng	V	to add, to supplement
5	差异	chāyì	N	difference

课文活动

1 读两遍课文，然后两人一组，复述课文的意思，说给对方听。

速通汉语 中级 2

2 判断下面句子的对错，做这个练习的时候，最好不看课文。

(1) 艾玛最近在公司实习，有个朋友很奇怪。（   ）

(2) 艾玛的话引起了大家的兴趣，赵亮一说到这个话题，就像打开了话匣子。（   ）

(3) 李梅是南方人，赵亮是北方人，但是他们的饮食习惯一样。（   ）

(4) 艾玛既爱吃法国菜，又爱吃中国菜，还爱吃比萨。（   ）

(5) 赵亮用"东、西、南、北"说明他们四个人的不同。（   ）

(6) 艾玛用"臭味相投"形容他们四个人的关系。（   ）

3 听课文，在下面句子中的空格上填上你听到的词语，可以是汉字，也可以是拼音。

(1) 赵亮一说到这个_____，就像打开了_____。

(2) 李梅是南方人，赵亮是北方人，_____习惯很不一样，可以分别_____南和北。

(3) 李梅_____说，他们既有不一样的地方，又有一样的地方。杰克完全同意赵亮的看法，虽然大家的语言和文化存在_____，但是目前全世界的交流越来越频繁，大家对许多事情的看法都差不多。

六、拓展练习

1 听两遍课文，完成听力练习。 🔊 07-4

(1) 杰克和艾玛对中国的馒头有什么不同的看法？

(2) 做馒头和面包有什么一样和不一样的地方？

(3) 烤面包的时候会出现美拉德反应，是什么意思？

(4) 烤好的面包再多烤几次会怎么样？

2 阅读短文，回答问题。

杰克和艾玛喜欢吃面包，来中国以后也常常买各种面包，但是他们发现不少中国人更喜欢吃馒头。杰克认为，馒头白白的，很好看，但是吃起来只有天然的香味。不过，艾玛却很喜欢，她觉得馒头的香味跟面包不一样。

第七课 我们不一样

杰克和艾玛发现，馒头和面包在做法方面，既有一致的地方，又有不同的地方，当然营养价值也会有些不同。

馒头和面包都要先经过发酵，然后加热。做面包的时候，可以做成咸的或者甜的，还有的面包要加芝士；面包是烤出来的，温度一般在200度左右，这就是为什么面包看上去有一层颜色好看的皮；面包在烤的时候，会出现美拉德反应，所以面包才会那么香。做馒头的时候，既不放盐，也不放糖，做法十分简单；馒头是蒸熟的，温度只需要100度左右；刚蒸出来的馒头白白的、软软的。

面包的热量比馒头高。有的人说，面包中含有4%~10%左右的脂肪，还有的面包中脂肪可以达到25%以上。要是你将烤过的面包多烤几次的话，烤的次数越多，面包的营养就会越少。但是，馒头不一样，它不像面包那样有很高的热量，而且营养价值似乎也比面包高一点儿。

杰克和艾玛想，馒头和面包，一个简单而有营养，一个做起来不容易却味道丰富。喜欢哪一个，要看吃的人自己。

▲ 补充词语

1	馒头	mántou	N	steamed bun
2	香味	xiāngwèi	N	sweet smell, scent
3	营养	yíngyǎng	N	nutrition
4	价值	jiàzhí	N	value
5	发酵	fā jiào	V	to ferment
6	芝士	zhīshì	N	cheese
7	美拉德反应	Měilādé Fǎnyìng	NP	Maillard reaction
8	热量	rèliàng	N	calorie
9	脂肪	zhīfáng	N	fat

活动

读课文后回答问题。两人一组，回答的一方要用括号里的词说完整的句子。

（1）杰克认为馒头怎么样？（白白的、好看、天然、香味）

（2）馒头和面包在做法方面，既有一致的地方，又有不同的地方。你可不可以说说看？（发酵、加热、烤、美拉德效应、蒸）

（3）馒头和面包的营养怎么样？（热量、脂肪、越……越……）

3. 写作训练。（课后练习）

来中国以后，你发现哪些方面跟你的国家不一样？你跟身边的同学有什么地方不一样？跟你身边的朋友聊一聊这个话题，写一篇150~200字的作文，题目可以自己定。请使用"既/又……又……""一……就……""越……越……"。

七、聚宝盆（写下这一课新学会的词语和句子）

第八课 你想怎么支付

一、热身

1. 你知道的支付方式有哪些？
2. 当你购物或者需要付钱的时候，一般怎么支付？

二、词语

1	随身	suíshēn	A	to carry… with one	随身带钱
2	现金	xiànjīn	N	cash	现金支付
3	出门	chū mén	V	to go out, to leave home	
4	连……都/也……	lián…dōu/yě…		even…	
5	钱包	qiánbāo	N	wallet	忘了带钱包
6	基本	jīběn	Adv	basically	基本不用现金
7	只有……才……	zhǐyǒu…cái…		only when/if…	
8	提出	tíchu	VP	to put forward, to raise	提出意见
9	银行卡	yínhángkǎ	N	bank card	
10	支付宝	zhīfùbǎo		Alipay, a third-party online and mobile payment platform	

11	营业员	yíngyèyuán	N	shop assistant	
12	当时	dāngshí	N	at that time	当时没有现金
13	刷卡	shuā kǎ	V	to pay by card	
14	红薯	hóngshǔ	N	sweet potato	
15	接受	jiēshòu	V	to accept	接受建议
16	设置	shèzhì	V	to set, to set up	
17	密码	mìmǎ	N	password	设置银行卡密码
18	赶快	gǎnkuài	Adv	quickly	赶快设置密码
19	绑定	bǎngdìng	V	to bind	绑定手机号
20	点外卖	diǎn wàimài	VP	to order takeout	
21	代	dài	V	to take the place of	代我向他问好
22	账号	zhànghào	N	account number	微信账号
23	转账	zhuǎn zhàng	V	to transfer money	支付宝转账

词语活动

1. 看下面的文字和图片，根据文字和图片的意思，说一说是你学习的哪个词语，然后写在后面的括号里。

（1）一直放在身边的　　　　　　　　　　　　　　　　　（　　）

（2）那时候　　　　　　　　　　　　　　　　　　　　　（　　）

（3）用银行卡支付　　　　　　　　　　　　　　　　　　（　　）

（4）在网上买吃的，送到自己这里　　　　　　　　　　　（　　）

（5）从心里同意　　　　　　　　　　　　　　　　　　　（　　）

（6） （7）

（　　）

（　　）

2 听句子，将你听懂的意思说出来。 🔊 08-1

（1）出门在外，我不管去哪儿，都习惯带一点儿钱。

（2）我跟李梅不一样，我连钱包都不带了。

（3）来中国以后，我发现很多人都是用手机支付的。

（4）不过我发现其实连银行卡也可以不带。

（5）当我第一次发现连买烤红薯都可以微信支付的时候，我就知道，我也应该使用手机支付了。

（6）只有自己相信了，才会有行动。

（7）不管我怎么小心，也还是丢了两三次。

（8）连我家80多岁的爷爷、奶奶都学会了微信支付，他们还会在网上点外卖呢。

三、语言点

关联词语（4）Correlatives (4)

（1）"连……都/也……"表示不典型的情况已经这样了，典型的情况就更是如此了。如：

"连……都/也……" (even...) indicates even atypical situations have been in this case, let alone typical situations. For example:

① 那时候，连手机都还没有。

② 现在我奶奶连买个面包也喜欢用手机支付呢。

（2）"不管……都/也……"表示不同的条件或情况都会产生同样的结果。如：

"不管……都/也……" (no matter how/what/who/whether...) indicates different conditions or situations will bring about the same result. For example:

③ 不管多贵，只要她喜欢，她爸爸都会买给她。

④ 不管你问他什么问题，他也不会回答。

（3）"只有……才……"表示在某个特定的条件下才会产生相应的结果。如：

"只有……才……" (only when/if...) indicates a result will be produced only under a certain condition. For example:

⑤ 只有等太阳出来，才能看到雨后的彩虹（cǎihóng，rainbow）。

⑥ 只有这样，我们的生活才会越来越美好。

语法活动

请用括号里的关联词语改写下面的句子，不要改变句子的意思。

例：这个菜不辣。小孩子可以吃。（连……都/也……）

<u>这个菜不辣，连小孩子都可以吃。</u>

（1）明天不下雨，我会去。明天下雨，我也会去。（不管……都/也……）

_____

（2）他有这张银行卡的密码，可以刷卡。我们没有密码，不能刷卡。

（只有……才……）

_____

（3）最近他很忙，周六和周日要去公司工作。

（连……都/也……）

_____

（4）这个公园的广场音乐会只在周五晚上举行。

（只有……才……）

_____

（5）李梅的妈妈忙的时候，为家人准备早餐。李梅妈妈不忙的时候，也为家人准备早餐。（不管……都/也……）

四、主课文  08-2

杰克：李梅、赵亮，我问你们一个问题，你们平时还随身带现金吗？

李梅：带啊，出门在外，我不管去哪儿，都习惯带一点儿钱。

赵亮：我跟李梅不一样，我连钱包都不带了。

艾玛：杰克，你来中国以后会随身带钱吗？

杰克：会啊，我来中国以前，一位在美国的中国朋友告诉我，最好随身带点儿零钱，买东西时方便。不过，来中国以后，我发现很多人都是用手机支付的，我的现金基本没用。只有我自己提出用现金，才会用到。

李梅：艾玛，你呢？

艾玛：我一般会带银行卡，不过我发现其实连银行卡也可以不带。

赵亮：是啊，现在一部手机就能走天下。中国人只要有智能手机，一般就会用支付宝或者微信来支付。

杰克：怪不得昨天我去买运动鞋，营业员问我想怎么支付。

李梅：杰克，你当时是怎么想的？

杰克：我当时拿出银行卡，正准备刷卡。心想，为什么她还问我要怎么支付呢？

艾玛：那是因为除了用银行卡支付以外，还可以用微信和支付宝啊。据说，现在中国的手机支付量世界第一呢。

李梅：是啊，手机支付在中国真的发展得太快了。现在不管买便宜的东西还是很贵的东西，都可以自由选择支付方式。付现金，可以；直接刷卡，可以；用手机支付，也可以。当我第一次发现连买烤红薯都可以微信支付的时候，我就知道我也应该使用手机支付了。

赵亮：李梅，看来你对新事物不是马上就接受的。只有自己相信了，才会有行动。不过，我还有一个问题，你为什么还会随身带现金呢？

李梅：这是我从小就有的习惯，总认为出门在外，不能不带钱。我包里的200元人民币已经放了半年了都没用出去。

艾玛：我跟李梅差不多。不过，我常常丢手机，不管我怎么小心，也还是丢了两三次。如果手机丢了，该怎么办呢？

赵亮：艾玛，你可以设置支付密码，这样就不用担心了。

杰克：看来，我得赶快去微信绑定我的中国银行卡，这样以后出门就不用带银行卡和现金了。

赵亮：杰克，你是该学着用微信支付了。你知道吗？连我家80多岁的爷爷、奶奶都学会了微信支付，他们还经常在网上点外卖呢。

艾玛：对了，你们让我代买的音乐剧的票来了，钱你们打算怎么支付？每人87元。

赵亮：艾玛，你有支付宝或者微信账号吗？我转账给你。

杰克：我给你100元现金行吗？

艾玛：杰克，我没有零钱，那就不找零了啊！

杰克：那不行，我马上绑定银行卡，微信转账给你。

李梅：那我也转账吧。

课文活动

1. 分角色朗读课文，然后回答下面的问题。

   （1）李梅出门的时候，习惯随身带什么？赵亮呢？

   （2）杰克发现很多中国人怎么支付？

   （3）在中国，有什么支付方式？比较方便的是什么？

   （4）艾玛会随身带银行卡，她感觉怎么样？

   （5）最后大家怎么支付音乐剧的票？

2. 根据你读的课文，试着不看课文，选词填空。

   （1）现在一部手机就能走天下。中国人只要有＿＿＿＿手机，一般就会用＿＿＿＿或者＿＿＿＿来支付。（支付宝　智能　微信）

   （2）当我第一次发现连买＿＿＿＿都可以微信＿＿＿＿的时候，我就知道我也应该使用手机支付了。（烤红薯　支付）

   （3）我得＿＿＿＿去微信＿＿＿＿我的中国＿＿＿＿，这样以后出门就不用带银行卡和＿＿＿＿了。（银行卡　绑定　赶快　现金）

3. 请跟你的同桌讨论一下你们俩在中国购物时的支付方式。表达中请试着用"连……都/也……""不管……都/也……""只有……才……"。

五、副课文  08-3

你想怎么支付？

今天，杰克问李梅和赵亮平时是不是还会随身带钱。李梅的习惯是，出门在外，不管去哪儿，都要带一点儿钱。赵亮跟李梅完全不同，他连钱包都不带了。

艾玛对杰克的问题有些不理解，问杰克："难道你来中国以后会随身带钱吗？"杰克说他会随身带钱，因为在美国的一位中国朋友告诉他，最好随身带点儿零钱，买东西方便。不过，来中国后，杰克发现很多人都是用手机支付的。

艾玛一般会带银行卡，但是最近她发现其实银行卡也完全可以不带。昨天杰克去买运动鞋，他当时已经拿出银行卡准备刷卡，营业员还问他想怎么支付。杰克当时不明白怎么回事，现在他知道为什么营业员会这样问了。因为除了用银行卡支付以外，还可以用微信和支付宝。用赵亮的话来说，在中国可以一部手机走天下。因为中国人只要有智能手机，一般都会用支付宝或者微信支付。

中国人的支付方式这几年变化很快，而李梅对新事物的出现不是马上就能接受的。只有她自己相信了，才会有行动。当李梅第一次发现连买烤红薯都可以微信支付的时候，她觉得她自己也应该使用手机支付了。艾玛跟李梅差不多，不过她担心的是自己常常丢手机，这样的话，手机支付是否安全。赵亮建议艾玛设置支付密码，这样就可以放心了。

艾玛前几天了解到，中国的手机支付量世界第一。赵亮说手机支付在中国发展太快了，连他家80多岁的爷爷、奶奶也学会用微信支付，在网上点外卖了。说得杰克想赶快去绑定自己的中国银行卡，他以后也可以不带银行卡和现金出门了。

说到买东西的支付方式，现在不管买便宜的东西还是贵的东西，都可以自由选择支付方式。不管是付现金还是刷卡，或者想用手机支付，都可以，真是方便极了。

就算如此，李梅出门还是要带一些现金，这是她小时候就有的习惯，不过她包里的200元人民币已经放了半年了都没用出去。艾玛想起来，她给大家代买的音乐剧的票已经拿到了，每人87元。艾玛问大家想怎么支付，赵亮当然是想用支付宝或者微信转账，杰克有100元现金，但艾玛没有零钱找给杰克，杰克决定马上去微信绑定银行卡，也转账给艾玛。李梅见大家都转账，也决定用微信转账。

补充词语

1	理解	lǐjiě	V	to understand
2	难道	nándào	Adv	could it be said that...
3	就算	jiùsuàn	Conj	even if
4	如此	rúcǐ	Pron	so, such, like that

课文活动

1 读两遍课文，然后两人一组，复述课文的意思，说给对方听。

2 判断下面句子的对错，做这个练习的时候，最好不看课文。

（1）李梅不管去哪儿，都要带一点儿钱。（　　）

（2）在中国，支付方式很多，可以用现金，可以刷卡，也可以手机支付。（　　）

（3）用手机支付不安全。（　　）

（4）杰克用微信绑定了银行卡以后，只能用微信支付，不可以再刷卡和用现金。（　　）

（5）音乐会的票是艾玛代买的，每人87元。（　　）

3 听课文，在下面句子中的空格上填上你听到的词语，可以是汉字，也可以是拼音。

（1）杰克_____很多人都是用手机_____的。

（2）赵亮说_____他家80多岁的爷爷、奶奶也学会用微信支付，在网上_____了。

（3）说到买东西的支付_____，现在_____买便宜的东西还是很贵的东西，都可以自由_____支付方式。

六、拓展练习

1 听两遍课文，完成听力练习。　🔊 08-4

（1）什么是刷脸支付？怎么完成刷脸支付？

（2）刷脸支付的基础是什么？

（3）刷脸支付对谁比较合适？

（4）刷脸支付会让人们有什么担心的地方？

2 阅读《刷脸支付》，回答问题。

随着技术的发展，现代人的生活方式越来越智能化。比如，支付方式从最早的物物交换到用钱买东西，再到使用银行卡。21世纪，我们已经实现智能支付，使用一部绑定银行卡的手机就可以走遍天下了。

其实，还有一种支付方式更方便，那就是刷脸支付。什么意思？就是你去超市买完东西，只要你的脸对着超市的摄像头，连密码也不需要，就可以完成支付。

刷脸支付的基础是计算机可以做到人脸识别。不管两个人长得多么像，计算机都能识别出不同的地方。亚马逊商店和支付宝在有的地方已经可以使用刷脸支付。我们可以想象一下，当你走进商店或者超市，选择自己喜欢的商品，不需要刷卡或手机支付，只要把自己的脸对着摄像头刷一下，支付就完成了，你可以直接拿走选好的东西。这多么方便！

刷脸支付的确是非常方便，特别是对老人来说，买东西会变得很容易。但是，刷脸支付会不会有风险呢？由于不需要密码，要是坏人要我用我的脸刷脸支付，那该怎么办呢？这个问题还真是要好好儿思考一下。大家只有对刷脸支付没有任何担心时，才会使用这种支付方式。

无论如何，支付方式肯定会随着技术的发展变得越来越丰富和方便。

补充词语

1	交换	jiāohuàn	V	to exchange
2	刷脸	shuā liǎn	VP	face swiping
3	摄像头	shèxiàngtóu	N	camera
4	识别	shíbié	V	to recognize

5	商品	shāngpǐn	N	commodity
6	风险	fēngxiǎn	N	risk
7	无论如何	wúlùn-rúhé		in any case

专有名词

亚马逊	Yàmǎxùn	Amazon

活动

读课文后回答问题。两人一组，回答的一方要用括号里的词说完整的句子。

（1）支付方式发生了哪些变化？（最早的、交换、到、银行卡）

（2）刷脸支付听上去怎么样？（方便、特别是、年纪大、容易）

（3）什么时候人们会选择刷脸支付？（只有……才、风险、担心）

3 写作训练。（课后练习）

说到买东西，你在中国一般怎样支付？有没有让你印象比较深的购物支付经历？跟你身边的朋友聊一聊这个话题，写一篇150~200字的作文，题目可以自己定。请使用"连……都/也……""不管……都/也……""只有……才……"。

七、聚宝盆（写下这一课新学会的词语和句子）

第九课 早高峰

一、热身

1. 在你的家乡，早高峰一般是什么时候？
2. 据你的了解，哪些人会遇到早高峰？

二、词语

1	公寓	gōngyù	N	apartment	住公寓
2	倒是	dàoshì	Adv	actually, on the contrary	
3	差点儿	chàdiǎnr	Adv	almost	差点儿迟到
4	加班	jiā bān	V	to work overtime	常常加班
5	看来	kànlái	V	it seems	看来他要迟到了
6	一般来说	yībān lái shuō		in general	
7	体验	tǐyàn	V	to experience	体验中国文化
8	早高峰	zǎo gāofēng	NP	morning peak	上班早高峰
9	赶上	gǎnshang	V	to catch up with	赶上早高峰
10	避开	bìkai	VP	to keep away from	避开早高峰
11	据我所知	jù wǒ suǒ zhī		as far as I know	
12	上次	shàng cì		last time	

13	望子成龙	wàngzǐ-chénglóng		to hope to see one's son have a bright future	
14	望女成凤	wàngnǚ-chéngfèng		to hope to see one's daughter have a bright future	
15	下棋	xià qí	VP	to play chess	下了一会儿棋
16	书法	shūfǎ	N	calligraphy	练习书法
17	二胡	èrhú	N	*erhu*, a traditional Chinese musical instrument	拉二胡
18	芭蕾舞	bālěiwǔ	N	ballet	跳芭蕾舞
19	那还用说	nà hái yòng shuō		of course	
20	成人	chéngrén	N	adult	
21	开车	kāi chē	V	to drive	开了三小时车
22	纸片	zhǐpiàn	NP	scraps of paper	

词语活动

1 看下面的意思，说一说是你学习的哪个词，然后写在后面的括号里。

（1）大人 （　　）

（2）父母希望孩子长大成为了不起的人 （　　）

（3）早上坐地铁或坐车人最多的时候 （　　）

（4）当然，不用说 （　　）

（5）下班时间到了，还要继续工作 （　　）

（6）　　　　　　　　（7）　　　　　　　　（8）

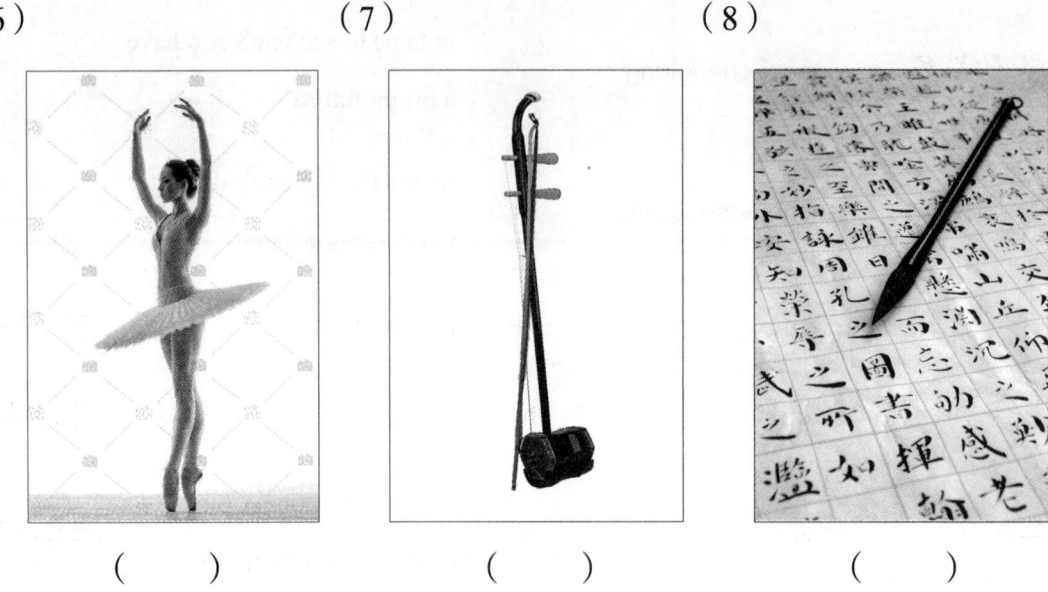

（　　）　　　　　　（　　）　　　　　　（　　）

2　听句子，将你听懂的意思说出来。 🔊 09-1

（1）我跟艾玛都住在留学生公寓，还能常常见到。倒是你和赵亮，要见你们一面不容易。

（2）看来，赵亮实习的公司很忙啊。你们每天怎么去公司？

（3）一般来说，我会选择坐地铁去公司。

（4）据我所知，高中生一般早上7:00前就要到学校。

（5）一般来说，早上7:00以前的路上，大多是开车送孩子上学的父母。

三、语言点

A　插说成分 Parenthesis

汉语里有一些固定的说法，一般放在句子开头或中间，属于插说成分，如"你看、你说、看上去、看起来、据说、听说、说不定、不用说、没想到"等。

Some fixed expressions in Chinese, usually used at the beginning or in the middle of sentences, are known as parentheses. For example, "你看", "你说", "看上去", "看起来", "据说", "听说", "说不定", "不用说", and "没想到".

（1）引出意见、想法。如：

It is used to introduce one's opinion and idea. For example:

① <u>你看</u>，这里的人们过得都很快乐吧？

②你想，要是别人对你说这样的话，你高兴吗？

③你说，这个主意好还是不好？

④我看，就叫"王——"吧，又简单又容易记。

（2）表示估计、评价。如：

It is used to indicate one's estimation and evaluation. For example:

⑤看来，没有三五个月他们不会回来。

⑥画儿上的这条鱼看上去挺大的。

（3）说明消息来源。如：

It is used to indicate the source of information. For example:

⑦据说，今年的全国运动会在九月举行。

⑧听说在女孩子中今年流行短发，去年还是流行长发呢！

（4）表示某种口气。如：

It indicates a certain tone of speech. For example:

⑨不用说，我不会同意这个计划。

⑩一般来说，现在这个季节不会常常下雨。

⑪没想到，下这么大的雨，他还是来了。

⑫咱们现在出发，说不定会在半路上遇到他呢。

语法活动

请根据下面的句子意思选词填空。

我看　你看　据说　说不定　看上去　没想到

你想　听说　你说　看来　不用说　一般来说

例：据说 他退休以后才开始学画画儿，真是个爱学习的人。

（1）_____，上海的夏天从每年5月开始。

（2）_____，这件白色的衣服怎么样？价格也不贵。

（3）你还是打个电话问问你爸爸吧，_____他喜欢这个电影。

（4）坐在我对面的中学生_____还没睡醒。

（5）看你的眼神，_____我也知道你在想什么。

（6）_____，我在日本旅游的时候见到了中学的同学，世界真小。

（7）_____，还有谁会说出这样的话？除了王中北。

（8）怎么到现在一个同学都没来？_____，大家是不是记错时间了？

四、主课文  09-2

李梅：最近我们都在实习，见一次面不容易啊！

杰克：我跟艾玛都住在留学生公寓，还能常常见到。倒是你和赵亮，要见你们一面不容易。

艾玛：虽然我们上周就约好了今天见面，不过，赵亮，我听说你差点儿来不了。

赵亮：是啊，我有时候周末还要加班。

李梅：看来，赵亮实习的公司很忙啊。你们每天怎么去公司？

杰克：一般来说，我会选择坐地铁去公司。

艾玛：那大家一定都体验过早高峰了。

赵亮：不但早高峰我体验过了，晚高峰我也常常赶上。

李梅：我每天早上差不多6:30出门，就为了能避开上班早高峰。

艾玛：李梅，那你一定赶上过另外一个早高峰。

杰克：什么？还有两个早高峰？

李梅：嗯，艾玛说的是中小学生上学的早高峰，特别是中学生。

赵亮：对呀，中国的中小学生早上到学校的时间很早，据我所知，小学和初中一般7:30左右，而高中生一般早上7:00前就要到学校。

杰克：7:00前到学校？那要几点起床？

艾玛：我上次在地铁上就看到一个小学生都还没睡醒呢。

李梅：我昨天还看见一个中学生在地铁上做作业呢。

赵亮：中国的中学生学习压力不小。父母都望子成龙，望女成凤，学生们除了平时在学校学习，周末还要去上各种兴趣班。

杰克：那他们周末都学什么？

李梅：那可多了，比如弹钢琴、跳舞、下棋、写书法等等。

艾玛：赵亮会拉二胡，李梅会跳芭蕾舞。你们是不是小时候也是用周末的时间学的？

赵亮：那还用说，我们都是这样过来的。

李梅：其实，还有一些国家跟中国一样，我记得新加坡、韩国的学生也跟中国学生差不多。

杰克：我一般体验的是成人上班的早高峰，下次找个时间我也去体验一下中小学生的上学早高峰。

艾玛：在中小学生的上学早高峰中，我感觉更着急的是送孩子上学的家长。

赵亮：艾玛说得对，早上学生要上学，父母更不容易，要早起准备早餐，然后有的父母会自己开车送孩子去学校。

李梅：是的，一般来说，早上7:00以前的路上，大多是开车送孩子上学的父母。

杰克：中小学生的上学早高峰是不是也像成人上班的早高峰那么挤？

艾玛：不会，赶上成人上班的早高峰，地铁经常是等好几辆车也挤不上去。

李梅：就算挤上去了，人也会挤成纸片。

杰克：大城市人多才会这样吧。

课文活动

1. 分角色朗读课文，然后回答下面的问题。

   （1）李梅、艾玛、杰克和赵亮现在见面为什么不容易？

   （2）赵亮实习的公司怎么样？他们一般怎么去公司？

   （3）什么是早高峰？谁赶上了早高峰和晚高峰？

   （4）从中小学生上学的早高峰，他们谈到中国的中学生生活怎么样？

   （5）成人的上班早高峰怎么样？

2. 根据你读的课文，试着不看课文，选词填空。

   （1）我每天早上_____6:30出门，就为了能_____上班_____。

   （避开、早高峰、差不多）

   （2）我跟艾玛都住在留学生_____，还能常常见到。_____你和赵亮，要见你们一面不容易。（倒是、公寓）

   （3）中国的中学生学习_____不小。父母都_____，望女成凤，学生们_____平时在学校学习，周末还要去上各种_____。

   （望子成龙、除了、压力、兴趣班）

3. 请跟你的同桌聊一聊你们体验过的早高峰或者晚高峰。表达中请试着用"我看、你看、一般来说、据说、说不定、看上去、没想到、你想、不用说、听说、你说、看来"等插说成分。

五、副课文　　09-3

早高峰

最近李梅、艾玛、杰克和赵亮四个人都在不同的公司实习。因为太忙，他们想见一面并不容易。杰克和艾玛就住在留学生公寓，他俩见面相对容易，可要见到李梅和赵亮就不那么容易了。他们四个人上周就约好今天见面，可是赵亮因为实习的公司很忙，差点儿来不了。赵亮说，有时候他周末还会去公司加班。

他们一般会坐地铁去公司，所以大家都体验过早高峰了。赵亮说，他不但体验过早高峰，连晚高峰也常常赶上。李梅每天早上差不多6:30出门，就是希望避开上班的早高峰。不过，她虽然避开了上班的早高峰，还是会赶上另一个早高峰。

这另一个早高峰就是中国中小学生，特别是中学生的上学早高峰。一般而言，中国的中小学生早上到学校的时间很早，小学和初中一般7:30左右，而高中生一般早上7:00前就要到学校。这么一来，父母因为要给孩子准备早餐，所以就要起得更早。这下子，艾玛明白了为什么上次她在地铁上看到一个小学生，还是一副没睡醒的样子。李梅补充说，她还见过一个中学生在地铁上做作业呢。

中国的中学生学习压力不小。父母都望子成龙，望女成凤，学生们除了平时在学校学习，周末还要去上各种兴趣班。杰克想知道中国的孩子周末都会学些什么。李梅告诉他，那可多了，比如弹钢琴、跳舞、下棋、写书法等等。赵亮会拉二胡，李梅会跳芭蕾舞。不用说，他俩也是小时候在周末的兴趣班学会的。其实，不只是中国，还有一些国家，比如新加坡、韩国等，这些国家的学生也差不多。

回到他们讨论的早高峰话题，杰克表示他自己一般体验的是成人上班早高峰，下次要找个时间去体验一下中小学生的上学早高峰。艾玛觉得，中小学生的上学早高峰中更着急的应该是送孩子上学的家长。的确如此，早上学生要上学，父母更不容易，要早起准备早餐，然后有的父母会自己开车送孩子去学校。一般来说，早上7:00以前的路上，大多是开车送孩子上学的父母。

杰克还在思考，中小学生的上学早高峰会不会像成人上班的早高峰那么挤。艾玛吓唬杰克:"不会,成人上班的早高峰,地铁经常要等好几辆车也挤不上去。"李梅添油加醋地说:"就算挤上去了,人也会挤成纸片。"杰克想,也许只有大城市才会这样吧。

补充词语

1	相对	xiāngduì	A	relative, relatively
2	一般而言	yībān ér yán		generally speaking
3	这下子	zhè xiàzi		now, therefore
4	一副	yí fù	Q	a numeral-classifier compound used for facial expression and appearance
5	吓唬	xiàhu	V	to frighten, to scare
6	添油加醋	tiānyóu-jiācù		to add trimmings-to overstate sth. with extra details

课文活动

1 读两遍课文,然后两人一组,复述课文的意思,说给对方听。

2 判断下面句子的对错,做这个练习的时候,最好不看课文。

(1) 李梅早上6:30左右出门,可以避开成人上班的早高峰,但无法避开中小学生上学的早高峰。( )

(2) 艾玛了解中国中小学生的上学早高峰。( )

(3) 中国的中学生学习压力不小,除了平时的学习,周末还要去上各种兴趣班。( )

(4) 杰克体验过中小学生上学早高峰,但没有体验过成人上班早高峰。( )

(5) 在成人上班早高峰的地铁上,人会变成纸片。( )

3 听课文，在下面句子中的空格上填上你听到的词语，可以是汉字，也可以是拼音。

（1）_____，艾玛明白了为什么_____她在地铁上看到一个小学生，还是_____没睡醒的样子。

（2）赵亮会拉_____，李梅会跳_____。_____，他俩也是小时候在周末的兴趣班学会的。

（3）杰克还在_____，中小学生的上学早高峰会不会像成人上班的早高峰那么挤。艾玛_____杰克："不会，成人上班的早高峰，地铁经常要等好几辆车也挤不上去。"李梅_____地说："就算挤上去了，人也会挤成_____。"

六、拓展练习

1 听两遍课文，完成听力练习。 09-4

（1）文中说到的特别的高峰时间的经历是什么时候？
（2）"我"为什么坐同事的车？
（3）司机说，今天路上的情况怎么样？为什么？
（4）"我"的朋友那天几点到家的？

2 阅读《特别的高峰经历》，回答问题。

说到高峰时间，我想起一次特别的经历。去年中秋节前一天，是一个星期五，我跟朋友约好晚上 7:30 在市区的一家餐厅见面。

那天下班比较早，一位同事知道我要去市区，主动表示她开车回家正好经过我要去的餐厅，可以顺便带我过去。我们下午 4:45 就出发了，看来，我一定会早到。可是刚出发，我们就遇到了堵车。我们在路上一边慢慢儿开，一边聊天儿。但是，半个小时过去了，我们的车才往前走了几十米。旁边道上的出租车司机告诉我们，今天一天都在堵车。我想，难道今天一天都是高峰？

司机说："你们想，明天是中秋节，今天又是星期五，不少人就想赶着今天去给亲戚朋友送中秋节礼物——月饼。"对呀，还有不少人想着周末来了，要早点儿开车回家或者去外地旅游。各种情况加在一起，就让高峰从早上持续到了晚上。

那天是我体验过的最糟糕的堵车，我直到晚上8:30才到餐厅。餐厅到我同事的家还有差不多同样距离的路要走，第二天她告诉我，她晚上12:00才到家。

真是不可思议，在大城市，中秋节的前一天会堵成这样，如果不是亲自体验过，我还真不会相信呢。

▲ 补充词语

1	市区	shìqū	N	downtown, city proper
2	餐厅	cāntīng	N	restaurant
3	下班	xià bān	V	to get off work
4	顺便	shùnbiàn	Adv	by the way, in passing
5	堵车	dǔ chē	V	traffic jam
6	糟糕	zāogāo	A	awful, terrible
7	不可思议	bùkě-sīyì		inconceivable

活动

读课文后回答问题。两人一组，回答的一方要用括号里的词说完整的句子。

（1）"我"跟朋友约好什么时候、在哪儿见面？（市区、餐厅、晚上）

（2）那天的交通情况怎么样？（糟糕、才、朋友、到家）

（3）中秋节的前一天堵成这样，"我"的感受怎样？（不可思议、亲自、相信）

3 写作训练。（课后练习）

说到早高峰或者晚高峰，你有过怎样的经历或者听你的家人说过哪些经历？跟你身边的朋友聊一聊这个话题，写一篇150~200字的作文，题目可以自己定。

请试着用"我看、你看、一般来说、据说、说不定、看上去、没想到、你想、不用说、听说、你说、看来"等插说成分。

七、聚宝盆 （写下这一课新学会的词语和句子）

第十课 喝凉水都塞牙

一、热身

1. 在你的国家会用什么俗语来说一个人运气不好？
2. 你知道汉语中表示一个人运气好，有哪些常用的说法？

二、词语

1	受伤	shòu shāng	V	to be injured	受了伤
2	摔跤	shuāi jiāo	V	to fall, to take a trouble	摔了一跤
3	骨折	gǔzhé	V	to have a fracture	腿骨折了
4	走神儿	zǒu shénr	V	to be absent-minded	走了一会儿神儿
5	运气	yùnqi	N	luck	运气不好
6	顺利	shùnlì	A	smooth, without a hitch	工作顺利
7	倒霉	dǎo méi	A	to be unlucky	真倒霉
8	好汉	hǎohàn	N	hero, true man	
9	喝凉水都塞牙	hē liángshuǐ dōu sāi yá		to get food stuck between one's teeth	
	凉水	liángshuǐ	N	cold water	
	塞牙	sāi yá	VP	An unfortunate man would be drowned in a teacup.	

104

10	塞翁失马，焉知非福	sàiwēng shī mǎ, yān zhī fēi fú		Misfortune might be a blessing in disguise.	
11	采访	cǎifǎng	V	to interview	采访那个明星
12	公益	gōngyì	N	public welfare	公益活动
13	电视台	diànshìtái	N	TV station	
14	闻	wén	V	to smell	闻一下
15	肉末豆腐	ròumò dòufu	NP	bean curd with minced meat	
16	挡	dǎng	V	to keep off, to block	挡住 挡不住

词语活动

1 看下面的意思，说一说是你学习的哪个词，然后写在后面的括号里。

（1）做事情没有遇到麻烦，很容易就完成　　　　　　　　　　（　　）

（2）不让通过或者不让过来　　　　　　　　　　　　　　　　（　　）

（3）运气不好　　　　　　　　　　　　　　　　　　　　　　（　　）

（4）做一件事的时候，脑子在想别的事情　　　　　　　　　　（　　）

（5）　　　　　　　　　　（6）

（　　）　　　　　　　　　　　　　　　　　（　　）

2 听句子，将你听懂的意思说出来。 🔊 10-1

（1）前天骑自行车摔了一跤，手骨折了。

（2）不过，我觉得最近我运气不太好，好几件事都不太顺利。

（3）今年夏天我还会再去，这次电视台的人也会一起去。

（4）我早就闻到了，是我们最爱吃的肉末豆腐，对不对？

（5）要不你们几个再讨论一下"好汉"和美女的问题，豆腐肉末我一个人多吃点儿。

三、语言点

虚词（2）The function words（2）：还$_2$、再、又

"还、再、又"都可以表示行为动作的重复。如：

All of "还", "再", and "又" can be used to indicate the repetition of an action. For example:

① 你明天还来吗？

② 老师，请您再说一遍。

③ 他们俩最近又去国外旅行了。

但是，"又"限于表示已然或必然的情况；"还"侧重表示情况仍然持续不变；"再"也表示未然的重复和延续，侧重于量的增加。如：

However, "又" only refers to a situation that has already happened or has been inevitable; "还" emphasizes that the situation is still unchanged; "再" also indicates the repetition and extension of something undone, focusing on the increase in quantity. For example:

④ 我前年去过一次北京，去年又去了一次。

⑤ 我去过一次上海，明年我还想去。

⑥ 我去过一次上海，明年我想再去一次。

语法活动

请用"还、再、又"填空。

例：你明天 __还__ 来吗？

（1）你_____打算下个月去旅行吗？

（2）你能不能_____给我一次机会？

（3）你已经补办过一次学生证了，怎么这次_____丢了？

（4）这边的树很少，我建议_____种一些大树，你看怎么样？

（5）那儿的风景确实漂亮，如果有时间，我_____想_____去一次。

四、主课文  10-2

艾玛：赵亮，你的左手怎么受伤了？

赵亮：前天骑自行车摔了一跤，手骨折了。

杰克：哎呀，怎么回事？

李梅：赵亮，你骑自行车一直骑得很好，怎么会摔跤呢？

赵亮：骑自行车的时候走神儿了，不过，我觉得最近我运气不太好，好几件事儿都不太顺利。

艾玛：你可真倒霉。有什么我们可以帮你的吗？

杰克：是啊，汉语中不是说"一个好汉三个帮"吗？我们正好有三个"好汉"。

赵亮：谢谢你们的关心。哎，人倒霉的时候真是喝凉水都塞牙。

李梅：赵亮，我还是第一次看到你这样。我们四个人中，你是最不怕困难的。

杰克：等等，刚才说"喝凉水都塞牙"是什么意思？

艾玛：杰克，你想想，你喝水的时候会塞牙吗？

杰克：当然不会。我明白了，这个俗语的意思是人倒霉的时候，做什么事儿都不顺。

赵亮：不好意思，我的情况让你们担心了。

李梅："塞翁失马，焉知非福"，说不定，你的好运气马上就要开始了呢。

艾玛：就是！赵亮，我今天就有个好消息告诉你。

杰克：什么好消息？快说！

艾玛：我昨天在电视里看到了记者对你的采访。原来，你一直在参加公益活动。

李梅：我记得赵亮每年都要去西部一个月，帮助那里的中学生。

赵亮：今年夏天我还会再去，这次电视台的人也会一起去。

艾玛：赵亮，我们留学生可以参加吗？

杰克：是啊，我跟艾玛也想一起试试。

赵亮：那我跟西部的学校联系一下，如果可以，我马上告诉你俩。

李梅：赵亮，你也带上我吧，我也想一起去西部。

赵亮：没问题。今天是什么日子？我一下子觉得自己不倒霉了。

李梅：看来，今天是赵亮好运气到来的日子。你们看，我带了什么？

艾玛：我早就闻到了，是我们最爱吃的肉末豆腐，对不对？

杰克：艾玛，你说的不对，是"豆腐肉末"。李梅做的肉末豆腐总是肉末比豆腐多，所以要改成"豆腐肉末"。

赵亮：看来，好运气来了谁也挡不住。今天你们三个就是给我带来好运的"好汉"。

艾玛：我们俩是美女，可不是"好汉"。

杰克：哈哈，要不你们几个再讨论一下"好汉"和美女的问题,"豆腐肉末"我一个人多吃点儿。

艾玛:杰克,你是"好汉"的话,可一定不能吃独食啊。

李梅:哈哈,我太了解你们了,这次给你们每人都带来了一盒肉末豆腐。不对,用杰克的话说是"豆腐肉末"。

赵亮:谢谢李梅,我们爱……

杰克:爱——你的"豆腐肉末",哈哈!

课文活动

1. 分角色朗读课文,然后回答下面的问题。

   (1) 赵亮的左手怎么了?为什么会这样?

   (2) "一个好汉三个帮"是什么意思?

   (3) 赵亮觉得一个人倒霉的时候,会怎样?

   (4) 电视台为什么采访赵亮?这个夏天,他们四个人想干什么?

   (5) 为什么杰克要把李梅做的肉末豆腐叫作"豆腐肉末"?

2. 根据你读的课文,试着不看课文,选词填空。

   (1) 骑自行车的时候_____了,不过,我觉得最近我_____不太好,好几件事儿都不太_____。(顺利、运气、走神儿)

   (2) 我昨天在_____里看到了记者对你的_____。原来,你一直在参加_____活动。(公益、电视、采访)

   (3) 我太_____你们了,这次给你们每人都带来了_____肉末豆腐,不对,用杰克的话说,是"_____"。(一盒、豆腐肉末、了解)

3. 请跟你的同桌聊一聊你们印象中的好运气和坏运气,表达中请试着用虚词"还、再、又"。也请使用你学过的俗语,如"塞翁失马,焉知非福""喝凉水都塞牙"等。

五、副课文

喝凉水都塞牙

李梅、艾玛和杰克看到赵亮左手受伤了,都非常关心他。赵亮说,自己骑自行车摔了一跤,左手骨折了。

赵亮平时骑自行车一直骑得很好,怎么会摔跤呢?李梅还真想不明白。原来,赵亮最近运气不太好,好几件事儿都不太顺利。他骑自行车的时候走神儿了,结果摔了一跤,真的很倒霉。

艾玛问赵亮情况是否有好转,是否需要好朋友的帮助。俗话说,"一个好汉三个帮",此刻赵亮的身边还正好就有李梅、艾玛和杰克这三个"好汉"。

赵亮说,一个人倒霉的时候,喝凉水都塞牙。李梅感到很吃惊,她还是第一次见到赵亮这样。他们四人中,赵亮总是最不怕困难的。杰克不明白"喝凉水都塞牙"是什么意思,艾玛通过提问,让杰克知道了原来这句话的意思是,一个人倒霉的时候,做任何事情都可能不顺利。

看到朋友们如此关心自己,赵亮感到很不好意思,他的情况让朋友们担心了。李梅安慰赵亮,"塞翁失马,焉知非福",说不定,他的好运气要开始了。艾玛还真带来了一个好消息:她昨天在电视里看到了记者对赵亮的采访,原来赵亮一直在参加公益活动,他每年都要去中国西部一个月,帮助那里的中学生。

赵亮说他今年夏天还会再去,这次,电视台的人也会一起去。杰克、艾玛和李梅都希望一起去。赵亮打算联系一下西部的学校,有了消息就会告诉大家。赵亮的心情好起来了,不再觉得自己倒霉了。看来,今天真的是赵亮时来运转的日子。而且,李梅这次又带来了大家都喜欢吃的肉末豆腐。艾玛早就闻到了肉末豆腐的

第十课 喝凉水都塞牙

香味，杰克开玩笑地说，那不叫肉末豆腐，应该叫"豆腐肉末"，因为李梅做的这个菜肉末比豆腐多。

赵亮觉得人的好运气来了，挡也挡不住。今天，自己跟李梅、艾玛和杰克的见面，一下子就改变了自己的心情，更别说还有这么好吃的肉末豆腐。想起杰克刚才说的"一个好汉三个帮"，赵亮笑称他们三个还真是"好汉"。艾玛反驳说："我和李梅是美女，不是'好汉'。"杰克忍不住想吃肉末豆腐，建议他们几个人再继续讨论美女和"好汉"的问题，自己可以多吃点儿肉末豆腐。

李梅想得很周到，因为大家都爱吃，这次她专门给每个人都准备了一盒。看来，还是四个好朋友在一起才开心。

补充词语

1	结果	jiéguǒ	Conj	as a result
2	好转	hǎozhuǎn	V	to turn for the better
3	提问	tíwèn	V	to ask a question
4	时来运转	shílái-yùnzhuǎn		to turn one's luck around
5	反驳	fǎnbó	V	to refute
6	专门	zhuānmén	Adv	specially

课文活动

1 读两遍课文，然后两人一组，复述课文的意思，说给对方听。

2 判断下面句子的对错，做这个练习的时候，最好不看课文。

（1）赵亮骑自行车摔了一跤，左手骨折了。　　　　　　　　　　　（　　）

（2）赵亮说一个人倒霉的时候，喝凉水都塞牙。李梅不感到吃惊。（　　）

（3）李梅知道赵亮运气不好，带来肉末豆腐安慰赵亮。　　　　　（　　）

（4）艾玛昨天在电视里看到了记者对赵亮的采访，赵亮多年来一直在参加公益活动。（   ）

（5）李梅给每个人都准备了一盒肉末豆腐。（   ）

3　听课文，在下面句子中的空格上填上你听到的词语，可以是汉字，也可以是拼音。

（1）赵亮平时骑自行车一直骑得很好，怎么会_____呢？李梅还真想不明白。原来，赵亮最近_____不太好，好几件事儿都不太顺利。他骑自行车的时候_____了，结果摔了一跤。

（2）原来赵亮每年都要去中国西部一个月，_____那里的中学生。他今年夏天还会_____去，这次，电视台的人也会一起去。杰克、艾玛和李梅都希望一起去。赵亮打算_____一下西部的学校，有了_____就会告诉大家。

（3）想起杰克刚才说的"一个好汉三个帮"，赵亮笑称他们三个还真是"好汉"。艾玛_____说："我和李梅是_____，不是'好汉'。"

六、拓展练习

1　听两遍课文，完成听力练习。　🔊 10-4

（1）为什么说姨妈很幸运？
（2）姨妈是怎么顺利考进大学的？
（3）姨妈和姨父是怎么认识的？
（4）姨妈的幸运跟什么有关系？

2　阅读《幸运的姨妈》，回答问题。

　　在我家，有一个人一直很幸运，那就是我姨妈。我姨妈今年已经快60岁了，有一双儿女，女儿已经工作了，儿子还在读大学。为什么说姨妈很幸运呢？因为在外人看来，她人生中的每一件大事都非常顺利，真是运气好极了。比如说，读高中时，姨妈的学习成绩不算最优秀，但是考大学的时候却考得特别好，一下子就考进了北京大学。

　　找工作的时候更是让人不可思议，她就投了一份简历，结果就成了大

第十课 喝凉水都塞牙

学老师。你说，这好运来了谁能挡得住？我姨妈跟姨父是从小一起长大的，两个人同时考上北大，后来从相爱到结婚、生孩子，日子过得非常幸福。

说到这里，你一定很想认识一下这位快60岁的幸运儿吧。再告诉大家一点儿我姨妈的情况吧。她给人的印象总是很快乐，好像这个世界上就没有什么事儿能让她不开心。姨妈平时喜欢听音乐、写书法，还做得一手好菜。有人说，有个人比我姨妈更幸运，那就是我姨父，因为他找到了一位如此优秀的女性。

其实，我姨妈曾经得过癌症，那是她40岁左右的时候，由于发现得早，现在情况不错。我曾问过姨妈：为什么她总是很幸运？姨妈说，幸运或者不幸运，主要看每个人自己，一个人身心健康，学习和工作勤奋，会思考，遇到大事的时候就能处理得很好。天上可能掉一次馅儿饼，但不可能天天掉馅儿饼。一个人不可能一直幸运，外人看到的幸运，其实是这个人一直努力的结果。

我觉得我也很幸运，有这样一位好姨妈。

补充词语

1	幸运	xìngyùn	A	lucky, fortunate
2	姨妈	yímā	N	aunt, mother's sister
3	简历	jiǎnlì	N	resume, CV
4	姨父	yífu	N	uncle, husband of mother's sister
5	癌症	áizhèng	N	cancer
6	掉	diào	V	to fall, to drop
7	馅儿饼	xiànrbǐng	N	stuffed pie

活动

读课文后回答问题。两人一组,回答的一方要用括号里的词说完整的句子。

(1)为什么说姨妈找工作让人感觉不可思议?(投、简历、大学老师)

(2)姨妈是个什么样的人?(快乐、不开心、教师、音乐、书法、做菜)

(3)姨妈说一个人幸运或者不幸运,要看什么?

(身心健康、学习和工作、勤奋、思考)

3 写作训练。(课后练习)

你怎么看好运气和不好的运气?跟你身边的朋友聊一聊这个话题,写一篇150~200字的作文,题目可以自己定。请使用虚词"还₂、再、又"。也请使用一些表示人的运气好或者不好的俗语,如"喝凉水都会塞牙""塞翁失马,焉知非福""天上掉馅饼""好运来了挡也挡不住"等。

七、聚宝盆 (写下这一课新学会的词语和句子)

生词表

生词	拼音	课号
A		
阿姨	āyí	5
癌症	áizhèng	10
爱好	àihào	3
安排	ānpái	3
B		
芭蕾舞	bālěiwǔ	9
把握	bǎwò	6
百分之……	bǎi fēn zhī…	1
绑定	bǎngdìng	8
包装	bāozhuāng	1
北方人	běifāngrén	7
倍	bèi	6
比萨	bǐsà	7
避开	bìkai	9
编舞	biān wǔ	3
鞭子	biānzi	1
变化	biànhuà	4
表面	biǎomiàn	5
不过	búguò	1
不务正业	bú wù zhèngyè	5
补充	bǔchōng	7
不可思议	bùkě-sīyì	9
C		
采访	cǎifǎng	10
餐厅	cāntīng	9
差异	chāyì	7
茶馆儿	cháguǎnr	3
差不多	chàbuduō	1
差点儿	chàdiǎnr	9

生词	拼音	课号
场所	chǎngsuǒ	1
唱片	chàngpiàn	5
成人	chéngrén	9
成长	chéngzhǎng	6
吃惊	chī jīng	6
抽烟	chōu yān	1
臭豆腐	chòudòufu	3
臭味相投	chòuwèi-xiāngtóu	7
出门	chū mén	8
出生	chūshēng	6
处罚	chǔfá	1
凑热闹	còu rènao	6
存	cún	1
D		
打开	dǎ kāi	7
打量	dǎliang	2
打印	dǎyìn	4
打招呼	dǎ zhāohu	5
大脑	dànǎo	6
待	dāi	2
代	dài	8
代表	dàibiǎo	7
当时	dāngshí	8
挡	dǎng	10
倒霉	dǎo méi	10
倒是	dàoshì	9
点外卖	diǎn wàimài	8
电视台	diànshìtái	10
掉	diào	10

生词	拼音	课号	生词	拼音	课号
订	dìng	2	感兴趣	gǎn xìngqù	1
独一无二	dúyī-wú'èr	7	各自	gèzì	2
堵车	dǔ chē	9	根据	gēnjù	1
肚子	dùzi	7	工程师	gōngchéngshī	2
锻炼	duànliàn	3	公益	gōngyì	10
多元	duōyuán	4	公寓	gōngyù	9
E			够	gòu	5
儿童节	Értóng Jié	1	孤单	gūdān	3
儿媳	érxí	5	骨折	gǔzhé	10
而	ér	1	广场	guǎngchǎng	3
二胡	èrhú	9	广场舞	guǎngchǎngwǔ	3
二手烟	èrshǒuyān	1	国际化	guójìhuà	3
F			过度	guòdù	4
发呆	fā dāi	6	过去	guò qu	6
发酵	fā jiào	7	**H**		
发现	fāxiàn	5	害羞	hài xiū	3
发育	fāyù	6	好汉	hǎohàn	10
发展	fāzhǎn	6	好转	hǎozhuǎn	10
罚款	fákuǎn	1	喝凉水都塞牙	hē liángshuǐ dōu sāi yá	10
反驳	fǎnbó	10	荷包蛋	hébāodàn	2
犯错	fàn cuò	2	红薯	hóngshǔ	8
放不开	fàng bu kāi	2	壶	hú	6
放松	fàngsōng	2	糊涂	hútu	3
分别	fēnbié	7	滑	huá	5
丰富	fēngfù	3	滑板	huábǎn	5
风险	fēngxiǎn	8	话匣子	huàxiázi	7
蜂蜜	fēngmì	2	还原	huán yuán	4
G			慧眼	huìyǎn	3
咖喱	gālí	3	活动	huódòng	3
改变	gǎibiàn	2	**J**		
赶快	gǎnkuài	8	几乎	jīhū	2
赶上	gǎnshang	9	基本	jīběn	8
感受	gǎnshòu	2			

生词	拼音	课号
吉他	jítā	2
记录	jìlù	4
纪念日	jìniànrì	2
技术	jìshù	4
既/又……又……	jì/yòu…yòu…	7
加班	jiā bān	9
价值	jiàzhí	7
煎	jiān	2
减轻	jiǎnqīng	1
简历	jiǎnlì	10
建议	jiànyì	6
建筑	jiànzhù	2
建筑师	jiànzhùshī	5
交换	jiāohuàn	8
叫	jiào	2
教授	jiàoshòu	5
皆	jiē	4
接待	jiēdài	2
接受	jiēshòu	8
结果	jiéguǒ	10
结婚	jié hūn	2
借口	jièkǒu	1
禁烟	jìn yān	1
酒吧	jiǔbā	3
就算	jiùsuàn	8
举行	jǔxíng	1
据我所知	jù wǒ suǒ zhī	9
距离	jùlí	4
聚	jù	4
觉得	juéde	1
K		
开	kāi	6
开车	kāi chē	9

生词	拼音	课号
开花	kāi huā	6
开玩笑	kāi wánxiào	4
看法	kànfǎ	3
看来	kànlái	9
烤箱	kǎoxiāng	2
克	kè	6
课题	kètí	2
枯木	kūmù	6
酷	kù	1
快乐	kuàilè	2
筷子	kuàizi	2
L		
劳碌命	láolùmìng	5
老外	lǎowài	2
礼貌	lǐmào	2
理解	lǐjiě	8
连……都/也……	lián…dōu/yě…	8
凉水	liángshuǐ	10
两面性	liǎngmiànxìng	4
聊天儿	liáo tiānr	2
流口水	liú kǒushuǐ	4
M		
馒头	mántou	7
慢性子	mànxìngzi	5
冒险	mào xiǎn	5
美好	měihǎo	2
美化	měihuà	4
美拉德反应	Měilādé Fǎnyìng	7
美颜	měi yán	4
梦想	mèngxiǎng	5
迷	mí	5
密码	mìmǎ	8
陌生	mòshēng	2

生词	拼音	课号
N		
哪壶不开提哪壶	nǎ hú bù kāi tí nǎ hú	6
那还用说	nà hái yòng shuō	9
南方人	nánfāngrén	7
难道	nándào	8
脑海	nǎohǎi	4
嫩	nèn	2
柠檬	níngméng	2
努力	nǔlì	5
女婿	nǚxu	5
P		
泡菜	pàocài	3
骗人	piàn rén	4
频繁	pínfán	7
普遍	pǔbiàn	4
Q		
其实	qíshí	3
奇怪	qíguài	7
起作用	qǐ zuòyòng	1
谦虚	qiānxū	5
钱包	qiánbāo	8
亲戚	qīnqi	6
亲切	qīnqiè	2
勤劳	qínláo	5
情调	qíngdiào	2
庆祝	qìngzhù	2
全家福	quánjiāfú	4
却	què	6
R		
扰民	rǎo mín	3
热点	rèdiǎn	2
热量	rèliàng	7

生词	拼音	课号
人口	rénkǒu	1
人生	rénshēng	5
日子	rìzi	6
肉末豆腐	ròumò dòufu	10
如此	rúcǐ	8
软件	ruǎnjiàn	4
S		
塞牙	sāi yá	10
塞翁失马，焉知非福	sàiwēng shī mǎ, yān zhī fēi fú	10
丧失	sàngshī	4
商品	shāngpǐn	8
上传	shàngchuán	4
上次	shàng cì	9
设置	shèzhì	8
社会	shèhuì	1
社交	shèjiāo	4
摄像头	shèxiàngtóu	8
时代	shídài	4
时光	shíguāng	4
时来运转	shílái-yùnzhuǎn	10
识别	shíbié	8
实际上	shíjìshang	5
实习	shíxí	6
实现	shíxiàn	5
市区	shìqū	9
适当	shìdàng	4
受不了	shòu bu liǎo	3
受伤	shòu shāng	10
书法	shūfǎ	9
叔叔	shūshu	5
数量	shùliàng	1
数学	shùxué	5

生词	拼音	课号	生词	拼音	课号
刷卡	shuā kǎ	8	闻	wén	10
刷脸	shuā liǎn	8	无论如何	wúlùn-rúhé	8
摔跤	shuāi jiāo	10	无烟日	Wúyān Rì	1
水盆	shuǐpén	6	**X**		
睡神	shuìshén	6	西红柿	xīhóngshì	2
顺便	shùnbiàn	9	吸	xī	1
顺利	shùnlì	10	吸引	xīyǐn	3
算得上	suàn dé shàng	5	习惯	xíguàn	2
随身	suíshēn	8	洗耳恭听	xǐ'ěr-gōngtīng	7
T			细致	xìzhì	3
弹钢琴	tán gāngqín	2	下班	xià bān	9
太极拳	tàijíquán	5	下棋	xià qí	9
提	tí	6	下载	xiàzài	4
提出	tíchu	8	吓唬	xiàhu	9
提问	tíwèn	10	闲不住	xián bu zhù	5
体验	tǐyàn	9	闲得很	xián de hěn	5
添油加醋	tiānyóu-jiācù	9	嫌	xián	5
跳舞	tiào wǔ	3	现金	xiànjīn	8
同感	tónggǎn	7	现实	xiànshí	4
同情	tóngqíng	1	现象	xiànxiàng	4
W			馅儿饼	xiànrbǐng	10
碗	wǎn	6	相册	xiàngcè	4
网上	wǎng shang	2	相对	xiāngduì	9
望女成凤	wàngnǚ-chéngfèng	9	相机	xiàngjī	4
望子成龙	wàngzǐ-chénglóng	9	香菜	xiāngcài	3
危害	wēihài	1	香水	xiāngshuǐ	3
微博	wēibó	4	香味	xiāngwèi	7
微信	wēixìn	4	香烟	xiāngyān	1
卫生	wèishēng	1	享受	xiǎngshòu	5
温和	wēnhé	2	小说	xiǎoshuō	5
文化	wénhuà	7	心知肚明	xīnzhī-dùmíng	4
			幸福	xìngfú	3
			幸运	xìngyùn	10

119

生词	拼音	课号
修图	xiū tú	4
选择	xuǎnzé	1
学院	xuéyuàn	5
Y		
压力	yālì	1
芽	yá	6
烟灰缸	yānhuīgāng	1
严肃	yánsù	1
研究	yánjiū	3
颜色	yánsè	4
一般而言	yībān ér yán	9
一般来说	yībān lái shuō	9
一……就……	yī…jiù…	7
一副	yí fù	9
一致	yízhì	4
姨父	yífu	10
姨妈	yímā	10
艺术照	yìshùzhào	4
因此	yīncǐ	1
银行卡	yínhángkǎ	8
饮食	yǐnshí	7
印象	yìnxiàng	2
营养	yíngyǎng	7
营业员	yíngyèyuán	8
影响	yǐngxiǎng	1
影子	yǐngzi	2
幽默	yōumò	2
院里	yuàn li	6
越……越……	yuè…yuè…	7
运气	yùnqi	10

生词	拼音	课号
熨烫	yùntàng	2
Z		
杂志	zázhì	1
糟糕	zāogāo	9
早高峰	zǎo gāofēng	9
占	zhàn	1
账号	zhànghào	8
照骗	zhào piàn	4
照相馆	zhàoxiàngguǎn	4
这下子	zhè xiàzi	9
珍惜	zhēnxī	6
真实	zhēnshí	2
正常	zhèngcháng	5
支付宝	zhīfùbǎo	8
只有……才……	zhǐyǒu…cái…	8
芝士	zhīshì	7
脂肪	zhīfáng	7
纸片	zhǐpiàn	9
重量	zhòngliàng	6
周到	zhōudào	2
专门	zhuānmén	10
转账	zhuǎn zhàng	8
自拍	zì pāi	4
自信	zìxìn	3
总而言之	zǒng'éryánzhī	7
总数	zǒngshù	1
走神儿	zǒu shénr	10
坐立不安	zuòlì-bù'ān	2
做法	zuòfǎ	4

专有名词

专名 Proper noun	拼音 Pinyin	课号 Lesson
B		
不丹	Bùdān	1
H		
韩国	Hánguó	3
湖南话	Húnánhuà	2
L		
莲花山	Liánhuā Shān	3
龙龙	Lónglong	2
M		
梅梅	Méimei	2
墨西哥	Mòxīgē	1

专名 Proper noun	拼音 Pinyin	课号 Lesson
R		
瑞典	Ruìdiǎn	1
T		
泰国	Tàiguó	1
X		
新加坡	Xīnjiāpō	1
新西兰	Xīnxīlán	1
Y		
亚马逊	Yàmǎxùn	8
印度	Yìndù	3
Y		
朱自清	Zhū Zìqīng	6